# dolce vita!

Ursula Barth
Fotos von Nik Barlo jr.

# dolce vita!

DAS GROSSE BUCH FÜR GARTENGENIESSER

DVA

# INHALT

*Inhalt*

WIR SIND
IM GARTEN

# VORWORT

Man braucht sich eigentlich nur irgendwo im Garten niederzulassen und schon wird man von ihr ohne weiteres Zutun eingenommen, sanft eingehüllt oder überreich bestürmt – von der unendlichen Vielfalt an Genüssen, die uns die Natur, der Garten und das Leben im Freien bereithält. Vieles ist ganz selbstverständlich und jedem sofort bewusst und wird auch von aller Welt gerne genutzt und angenommen. Für manches muss aber oft erst das richtige Gespür entwickelt werden, die Aufmerksamkeit geweckt und der Blick geschärft werden. Das sollen die folgenden Seiten mit leisten: Ein mehr an Genuss für jeden Gartenbesitzer! Einfach durch genaueres Hinsehen wie auch durch Hinweise und Hilfestellungen für die Planung. Für die Erschaffung und das Erlebnis eines Gartens voller Genüsse.

Der Garten ist ein Ort der Sehnsucht. Nicht nur weil er symbolisch immer mit dem Paradies verbunden sein wird. Natürlich zum Teil schon deswegen. Wer würde nicht gerne einen solchen Ort, an dem alles in Überfluss vorhanden ist, Harmonie regiert und Probleme in weite Ferne gerückt sind, sein Eigen nennen? Ein wenig davon sind Gärten aber auch. Sie sind Orte, die mit dem Schönen und Angenehmen verbunden sind und den Alltag bereichern. Dabei aber selbst weniger dem Alltagstrott zugehören als Hilfsmittel sind, eben diesem zu entfliehen. Daher kommt wohl auch diese weit verbreitete Sehnsucht nach dem eigenen Stück Garten, zumindest aber einem kleinen Fleckchen »Frei-Raum«, selbst wenn es nur ein winziger Balkon ist. Diese Gartenbegeisterung hat sicher auch damit zu tun, dass der Raum hier weniger Grenzen hat. Zum Himmel und seiner unendlichen Weite ohnehin nicht. Womit gleich wieder der Brückenschlag zum Paradies gemacht wäre...

Genuss ist die Freude, die wir aus Erlebtem ziehen können. Oder das schöne Gefühl, das sich nach Getanem einstellt. Vorausgesetzt, dass man sich darauf einlässt, die Dinge, die einem begegnen und die man selbst ausübt, bewusst zu erleben. Denn sonst verliert sich jedes schöne Gefühl einfach in der Beiläufigkeit und verblasst, ohne den verdienten Eindruck hinterlassen zu haben. Für solches Empfinden muss man sich auch die nötige Zeit nehmen, und daran kranken wir heute wohl am meisten. Viel zu viel verliert sich in atemloser Hektik, die zum Teil erzwungen ist, sich zum Teil aber einfach aus der Gewohnheit

Der Garten ist Raum für Kommunikation. Natürlich auch für Arbeit, aber doch eher für als angenehm empfundene. Am schönsten ist es, wenn sich beides miteinander verbinden lässt!

Gärten sind aber auch Oasen der Ruhe und Erholung. Und diese Funktion ist zweifelsfrei eine ihrer wichtigsten. Auf jeden Fall die, die am höchsten geschätzt wird.

Um den Garten und all seine Vorzüge tatsächlich voll und ganz genießen zu können, sind Sitzplätze in allen erdenklichen Varianten, verteilt über das Gelände, unersetzlich.

der dauernden hohen Geschwindigkeit ergibt. Vielleicht ist das auch einer der größten Gewinne, die wir aus Gärten ziehen können. Die Zeit scheint dort irgendwie still zu stehen oder an Bedeutung zu verlieren. So kann man natürlich wesentlich besser innehalten und entspannen. Die Zeit lässt sich in Garten und Natur auch nicht treiben. Die Dinge gehen einfach ihren Gang und lassen sich nicht beschleunigen. Sie gehen den Rhythmus, den ihnen die Natur vorgibt und der in ihnen liegt. Traumhafte Zustände! Zeit ist das Luxusgut unserer Tage. Orte, die es wie Gärten schaffen, eben diese zu entschleunigen, sind daher »Traumziele des Alltags«.

**Erholung** Damit ergibt sich, dass in der Rangordnung der Gartengenüsse Entspannung und Erholung an erster Stelle stehen. Ein Aufenthalt im Freien hat eine wesentlich größere regenerierende Wirkung als er es in gleicher Zeit im Haus bewirken könnte. Das hat mit den vielfältigen – positiven – Reizen zu tun, die uns im Freien begegnen. Nicht umsonst werden in Arbeitspausen Parks und alle Arten von Grünanlagen so begeistert angenommen. Das hat nicht nur damit zu tun, dass der Arbeitsplatz und die dortigen Aufgaben für kurze Zeit aus dem Blickfeld rücken. Das könnte schließlich auch der Wechsel in einen anderen Raum leisten. Es ist die Vielfalt der Eindrücke im Freien, an denen wir uns auftanken können. Die frische Luft, die immer von den tagesaktuellen Wetterbedingungen bestimmt ist. In ihrer Temperatur, die wir auf der Haut und in den Lungen spüren und in ihren Gerüchen. Die Sonne, deren Strahlen mit den Temperaturen auch das Stimmungsbarometer ansteigen lässt. Was sich rein

physiologisch erklären ließe, aber wer will schon ein schönes Gefühl so nüchtern betrachten? Erholung, das ist aber auch ganz einfach sich zurücklehnen, sich ausruhen, faulenzen. Sich in die Sonne legen oder den kühlen Schatten genießen. Oder ein Wechselbad daraus nehmen unter der Krone eines Baumes.
Aktiv entspannen, das geht selbstverständlich auch. Schließlich ist der Garten perfekter Spielplatz und »Hobbyraum«. Viele Beschäftigungen lassen sich problemlos auch ins Freie verlagern und machen dort gleich noch mehr Spaß. Nicht zu vergessen die Gartenarbeit, die für viele weniger lästige Pflicht als Quelle der Freude ist. Man ist dabei einfach näher am Geschehen und erlebt die Prozesse im Gartenjahr viel intensiver mit.
Der Garten ist ein Ort der Muße und des stillen Genießens. Genauso aber auch ein Ort des Feierns und der Geselligkeit. In den warmen Monaten des Jahres wird die Terrasse zum Esszimmer für die Familie, ebenso wie zum Partyraum.

**Erlebnisse** Die Natur ist es, die uns die schönen Eindrücke im Garten vermittelt. Sie vermag all unsere Sinne anzusprechen und sorgt immer wieder für wunderbare Abwechslung. In den Jahreszeiten, die immer wiederkehren, ebenso wie in kleineren Zeiteinheiten. Die schönen Bilder, die uns vorgeführt werden, verzaubern im Augenblick genauso wie in der Erinnerung. Und sie ändern sich immer wieder. Von Tag zu Tag nur ein wenig, so dass man das Neue erst durch genaues Hinsehen erkennt. Im Laufe des Gartenjahres aber doch recht tiefgreifend, noch mehr über die Jahre hinweg betrachtet. Aber auch schon an nur einem Tag, mit jeder neuen Lichtstimmung, mit den Tageszeiten und jedem Wetterwechsel.
Das Herrliche am Garten sind auch seine Geräusche. Der Vogelgesang, das Rauschen von Laub und Blättern, surrende Bienen und vieles mehr formiert sich zu einer beschwingten Geräuschkulisse.
Im Garten reizt fast alles zur Berührung. Wohl weil es so individuell und immer spezifisch ist. Man will einfach die Eigenart von allem, dem man begegnet, tastend begreifen. Und es beschnuppern, um alles umfassend zu erfahren. Im Garten kann man lernen, wie herrlich die ganz einfachen Dinge sein können, die zunächst vielleicht uninteressant erscheinen. Wie der Geruch von Erde oder der von sich langsam zersetzendem Laub, die beide so herrlich würzig sind, dass man ihnen, einmal wirklich wahrgenommen, immer wieder begegnen möchte, nach solchen Erfahrungen Sehnsucht entwickelt und sich auf die Suche nach ihnen begibt.

**Der gute Geschmack** Im Garten können sich Schönheit und Gaumengenuss vereinigen. Was für eine einmalige Gelegenheit! Die Früchte des Gartens, Obst, Gemüse und Kräuter, sind eine Freude fürs Auge, die sich zusammen mit dem Wachsen und Reifen kontinuierlich steigert, genauso wie für die Geschmacksnerven. Von den guten Gerüchen, die einem im Küchengarten entgegenströmen und die selbst schon die Vorfreude anheizen, ganz zu schweigen.

entsp

# DIE GARTENOASE

Eines der größten Luxusgüter unserer Tage ist die Zeit. Zeit für uns selbst, für die Menschen und die Dinge, die uns am Herzen liegen. Und vor allem auch Zeit, um wieder zu uns selbst zu finden und uns zu regenerieren. Einer der schönsten Orte für Erholungsuchende ist der eigene Garten. Besonders natürlich in den warmen Monaten des Jahres, wenn man sich auch unter freiem Himmel niederlassen kann, umgeben von Farben, Duft, Geräuschen und Lichtfülle.

# ORTE ZUM SICH-NIEDERLASSEN

Der Garten ist das Wohnzimmer des Sommers. Und was soll und muss uns ein Wohnzimmer bieten? Auf jeden Fall ein schönes Ambiente, in dem wir uns in Mußestunden gerne niederlassen wollen. Es gehört ein Plätzchen zum Ausruhen und Zurückziehen nur für sich alleine hinein. Ebenso wie nach Möglichkeit eine Tafel zum Essen und zum Feiern mit Freunden und Familie. Und eine Sitzrunde, in der man sich ungezwungen treffen kann.

Es muss also Platz geben zum Entspannen, zum Feiern, zum Essen, kurz einfach zum Seele-baumeln-Lassen. Plätze zum Reden, Lachen, Lesen, Spielen und vielleicht manchmal auch Arbeiten mitten im Grünen. Orte und Gelegenheiten, von denen aus sich der Garten erst richtig genießen lässt. Denn das ist schließlich der Gewinn, den wir aus ihm ziehen wollen: Die Regeneration von Körper und – eigentlich noch viel wichtiger – von Geist und Seele. Und diese Leistung kann ein Garten in viel höherem Maße erbringen als jeder noch so gut gestaltete Wohnraum des Hauses. Schließlich ist der Gartenraum voll von sinnlichen Eindrücken und Anregungen, die sich noch dazu ein sich ständig wechselndes Stelldichein geben. Und dabei trotzdem ungemein beruhigend wirken.

Die größte Sehnsucht, die wir hegen, gerade in unseren Breiten, ist die nach Sonne und Wärme. Nach langen Monaten von Herbst und Winter, von Kühle, Regen, Nebel, Frost, Schnee und Dunkelheit ist diese Sehnsucht geradezu unerträglich, und schon die ersten wärmenden Strahlen der Frühlingssonne werden begeistert genutzt, die Saison im Freien wieder zu eröffnen. Straßencafés füllen sich mit einem Schlag, Parkbänke werden wieder zu begehrten Objekten. Und auch im Privaten, im eigenen Garten wird alles sofort wieder für das neu erwachte Leben im Freien gerüstet.

Woraus folgt: Es gilt, schöne Plätze mit einem guten Maß an Sonnengenuss zu schaffen. Am besten verschiedene für die unterschiedlichen Tageszeiten. Und für die flirrend heißen Tage des Hochsommers auch ein angenehmes Fleckchen im Schatten.

*Das Leben beginnt mit dem Tag,*

*an dem man einen Garten anlegt.*

*(Chinesisches Sprichwort)*

LINKS: Das Auge isst mit! Die Dekoration ist bei Tafeln im Freien genauso wirkungsvoll wie im Haus. Samowar, Kerzenleuchter und schönes Glas und Porzellan erheben die tägliche Teerunde zum festlichen Ereignis. Kein Vergleich zum häufig üblichen einfachen Teepott! Der Aufwand zur Inszenierung des Alltags lohnt sich allemal. Wird so doch jeder Tag irgendwie zu einem besonderen. Da es sich immer um eine kurzzeitige Inszenierung handelt, ist der Raum für stets neue Stimmungsbilder gegeben – eingebettet in die relativ konstante Gartenbühne.

LINKS UNTEN: Möblierung und Farbgestaltung eines Sitzplatzes sind ganz wesentliche Merkmale für die Stimmung, die er ausstrahlt. Hier gibt die Romantik den Ton an. Zarte Farben wie Rosa und Weiß sorgen für eine heitere Atmosphäre. Was gerade in schattigeren Ecken wie in diesem Beispiel unbedingt von Vorteil ist. Eisenmöbel sind, wenn es um optische Leichtigkeit geht, immer die erste Wahl. Aber auch Loom- und Korbgeflecht strahlen etwas von der Schwerelosigkeit aus, die sie auch tatsächlich besitzen.

RECHTS: Gerade bei der Terrasse am Haus lässt sich auch einmal spontan mit den Möbeln aus Ess- und Wohnzimmer eine Tafel im Freien aufbauen. Sicher, für den täglichen Bedarf ist dieser Weg wegen des doch recht hohen Aufwandes nicht der richtige. Aber für einen besonderen Anlass oder aber wenn der vorhandene Sitzplatz nicht ausreicht, ist es durchaus eine gute Möglichkeit der Möblierung. Zumal sich wohl kaum besser »Wohnzimmergefühl« erzeugen lässt. Tischdecke und Tischdekoration tun ihr Übriges dazu.

Pergolen haben ihre Wurzeln im Süden. Säulen aus Naturstein, die mit Rundhölzern überspannt werden, sind die traditionelle Bauweise, die hier aufgenommen wurde. Die Berankung mit echtem Wein entspricht ebenfalls dem klassischen Vorbild des schönen Schattenspenders.

# *Unter luftigen Dächern*

LINKS: Säulen aus Naturstein verleihen Pergolen einen rustikalen Charakter. Besonders gilt das, wenn die Steinoberfläche bruchrau belassen wurde. Eleganter wirken Säulen mit exakt bearbeiteter Oberfläche und geraden Kanten. Was die richtige Wahl ist, hängt von der Umgebung ab, in die das Bauwerk eingebettet werden soll.

LINKS UNTEN: Von allen Materialien, die im Freiraum verwendet werden können, vermittelt Holz den natürlichsten Charakter. Das liegt zum einen wohl daran, dass es selbst ein aus Pflanzen gewonnener Baustoff ist und durch seine daraus resultierende Vergänglichkeit sich mit der Pflanzenwelt rundum scheinbar verbündet. Holz strahlt ein Gefühl von Wärme aus und ist auch fühlbar ein warmes Material – was es besonders sympathisch macht.

RECHTS: Wer nach einer filigranen, eleganten oder auch romantischen Pergolalösung sucht, wird zwangsweise bei Metall als Baumaterial landen. So transparente Konstruktionen wie in dem Rundpavillon lassen sich einfach nur mit diesem Material realisieren. Und nur mit ihm ist auch praktisch jede Form und jedes Muster umzusetzen.

Manchmal muss es eben ein bisschen mehr sein. Nicht nur einfach ein Sitzplatz, sondern ein etwas behüteteres Plätzchen. Wenn dieses Mehr an Geborgenheit und das Gefühl von Rückendeckung auf Terrasse und Sitzplatz gefragt sind, ist die Pergola das Mittel der Wahl. Oder dann, wenn sich die Sehnsucht nach etwas Schatten breit macht. Auch wenn das bei den ersten wärmenden Strahlen des Frühlings zunächst immer keiner glauben will: Die Sommerhitze kann durchaus auch zur Qual werden, der man entfliehen will. Gerade bei südexponierten Sitzplätzen ist eine teilweise Überdachung mit einer berankten Konstruktion aus Holz, Stein oder Metall beziehungsweise Kombinationen daraus durchaus sinnvoll und ratsam.

LINKS: Zelte sind wunderbar geeignet als Gartenlauben auf Zeit. Gerade bei Gartenfesten werden sie hoch geschätzt. Zum einen , weil man sich mit ihnen ein Stück weit unabhängig macht vom Wetter. Vom Regen gleichermaßen wie von stechender Hitze. Zum anderen aber auch deshalb, weil sie einfach ein Ambiente schaffen, das die Besonderheit des Ereignisses unterstreicht. Das gilt aber nur dann, wenn ein solch elegantes Exemplar gewählt wurde, dessen geöffnete, drapierte Seitenflächen sich in üppig-barocke Säulen verwandeln.

UNTEN: Ein wichtiges Thema bei Sitzplätzen ist immer der Wetterschutz. Der Sonnenschutz dabei mehr als der vor Regen. Schließlich ist der Garten doch eher »Schönwetterzimmer«. Sonnensegel sind dabei die Variante, die am meisten Großzügigkeit und Klarheit vermittelt. Daher sind sie auch in einem bewusst geradlinigen Umfeld zu empfehlen und passen hervorragend zu moderner Architektur.

*In der Enge unseres heimatlichen Gartens kann es mehr Verborgenes geben als hinter der Chinesischen Mauer.*

*(Antoine de Saint-Exupéry)*

Orte zum sich Niederlassen sind elementar für jeden Garten. Sind sie doch die Dreh- und Angelpunkte für das Leben im Freien, die Orte zum Erholen, zum Sichtreffen, zum Pausieren während aktiver Beschäftigung.

Der größte Sitzplatz ist im Regelfall der Terrasse am Haus reserviert. Der wichtigste muss es indes nicht sein. Diese Gewichtung ist ganz individuell und kann sehr wohl auch für ein kleines, bescheidenes Plätzchen verborgen im Grünen ausfallen.

Zweifellos ist die Hauptterrasse in Hausnähe aber meist der Ort mit den größten repräsentativen Pflichten. Und die meisten Gartenbesitzer gehen dieser Pflicht intuitiv ganz gewissenhaft nach. Es wird viel Aufwand getrieben, um die »gute Stube« des Gartens auf Vordermann zu bringen. Edle Beläge rollen sich wie ein wertvoller Teppich vor dem Besucher aus. Schöne Möbel unterstreichen die Besonderheit des Ortes. Prächtige Kübelpflanzen in attraktiven Gefäßen steigern den gesamten Eindruck. Und dekorative Accessoires verleihen schließlich die individuelle Note und bieten die Möglichkeit für ein wenig Wechsel und Mode.

Oft sind diese Terrassen nach Süden ausgerichtet. Bei der Planung von Häusern ist die Südterrasse fast schon ein Automatismus geworden. Vielleicht ein Ergebnis der Sonnensehnsucht unserer mit vielen trüben Tagen gestraften Breiten. Oft wird dabei übersehen, dass damit auch schnell ein – unerwünschtes – Übermaß an Sonne und Hitze am Sitzplatz geschaffen wird. Aufwändige Konstruktionen und Hilfsmittel zur Reduzierung blendender und schweißtreibender Sonnenstrahlen sind die unweigerliche Konsequenz. Es lohnt sich durchaus, über einen Standort an der Ost- oder Westseite des Hauses nachzudenken. Je nachdem, ob man eher ein Fan der Morgen- oder Abendsonne ist. Oder aber, zu welcher Tageszeit man am meisten Zeit für Mußestunden im Freien hat. Was man aber in der Planung auf keinen Fall übersehen sollte: Ein Garten, genauer eigentlich sein »Gärtner«, braucht immer mehrere Sitzplätze. Eben für die verschiedenen Tages-, vielleicht auch Jahreszeiten, für verschiedene Stimmungen und Formen der Geselligkeit. Auch um einfach mal ganz allein und zurückgezogen sein zu können. Und hier haben dann Zwang- und Formlosigkeit ihre absolute Berechtigung.

OBEN LINKS UND RECHTS: Daher muss der Begriff »die Seele baumeln lassen« stammen! Hängematten und ihre modernen Verwandten, die Hänge- und Schaukelsessel, sind einfach der Inbegriff der Erholung und Entspannung. Und kein anderes Gartenmöbel steht derart für Urlaubsstimmung. Man kann sich auch fast nirgends so ungezwungen hineinfläzen...

UNTEN LINKS UND RECHTS: Bänke sind die »Beobachtungsposten« und Ruhepole im Garten. Und da es im Garten naturgemäß viel zu beobachten gibt, und das in allen Ecken und Winkeln, sollte man mit ihrer Verwendung nicht allzu sehr geizen. Besonders schön wirken sie, wenn sie Rückendeckung finden, wie hier am Stamm eines alten Baumes. Und mit einer solchen Lehne selbst viel Rückendeckung geben.

OBEN UND UNTEN: Ungezwungene Sitz- und Ruheplätze sind meist die schönsten für einsames Enstpannen. Vielleicht weil man sich in solcher Umgebung auch am ehesten zwanglos fühlt und geben kann. Oft genügt schon ein simpler Gartenstuhl oder auch mal einer aus dem Haus, der an den »Lieblingsplatz des Tages« als Lesesessel getragen wird.

OBEN UND UNTEN: Doch es spricht auch nichts gegen eine dauerhafte Möblierung, die einfach schon am rechten Ort bereit steht. Solange sie »klein und fein« ist, vermittelt auch sie das Gefühl von ruhiger, zurückgezogener Entspannung. Auf einem Balkon mit streng begrenztem Raum stellt sich dieses Gefühl automatisch ein, im Garten schaffen dies geschützte Nischen.

LINKS: Ein Traum von vielen, der sich leider nur für wenige realisieren lässt: Ein Grundstück am See! Garantie für dauernde Urlaubsstimmung, für Weite – tatsächliche und gefühlte – und den unverbaubaren Blick. Und ein Leben ganz nah an der Natur. Doch auch für alle Besitzer »normaler« Grundstücke gibt es Trost. Jeder Garten kann so gestaltet werden, dass er durchaus Urlaubsqualitäten bietet.

LINKS UNTEN: Wenn sich schon ein solch atemberaubendes Panorama bietet, dann muss es auch unbedingt als Kulisse in den Sitzplatz eingebunden werden. Also ist dessen Standort so zu wählen, dass der beste Blick auf die Naturschönheit gegeben ist. Die Natur in den Garten holen, heißt hier das Motto. Und bei diesen fantastischen Voraussetzungen real und nicht nur im übertragenen Sinne…

RECHTS: … und Gleiches gilt natürlich fürs Haus! Mit großen Glasflächen werden Natur und Garten ganzjährig Teil des Lebens und bereichern den Alltag. Liefern das Hintergrundbild, das irgendwo konstant bleibt und doch ständig wechselt. Es wäre ein Frevel, eine solch einmalige Chance ungenutzt verstreichen zu lassen!

# *Willkommen im Urlaubsland Garten!*

# Eine Quelle von Ruhe und Kraft

OBEN LINKS: Wenn Wasser im Garten als gestalterisches Element verwendet wird, gehört unbedingt auch ein Sitzplatz dazu. Oder auch umgekehrt: Jeder Sitzplatz wird immer gewinnen, wenn Wasser in seiner Nachbarschaft einzieht. Denn das nasse Element tut in so vieler Hinsicht wohl. Es erfrischt Geist und Körper gleichermaßen und ist damit zu Recht ganz oben auf der Wunschliste vieler Gartenbesitzer.

OBEN RECHTS: Mit kaum einem anderen Gestaltungsmittel kann man so viel Großzügigkeit im Garten schaffen wie mit einer weitläufigen Wasserfläche. Sie wird im Gegensatz zu anderen flächigen Elementen auch niemals monoton und strukturlos wirken. Der Blick aufs Wasser beruhigt nachweislich und ist Balsam für die Seele, was die magische Anziehung, die von Wasser auszugehen scheint, ein wenig mit erklärt.

RECHTS: Garten mit Privatstrand! Gerade bei den derzeit hoch im Kurs stehenden Schwimmteichen ist das für den einen oder anderen sicher eine Alternative zum beliebten Holzdeck.

LINKE SEITE: Den Himmel auf die Erde holen: Womit ließe es sich einfacher bewerkstelligen als mit einem blanken Spiegel? Wasser fängt uns Wolken und Sonne ein und bringt sie dann direkt in den Garten. Und trägt obendrein viel Licht in den Gartenraum, in Form von magischen Bildern, die es auf seiner Oberfläche zeichnet.

# Farben sind wie Gewürze

OBEN UND LINKS: Die Polster von Sitzplätzen haben zunächst eine rein nützliche Funktion. Sie machen den Aufenthalt im Garten einfach bequemer. Aber zugleich sind sie auch wichtiges Accessoire im Freien. Durch Farben und Muster kann der Eindruck einer gesamten Szene beeinflusst – und ganz schnell auch geändert – werden: Die Möglichkeit für ein wenig »modischen Wechsel« in der relativ konstanten Gartenkulisse!

Farben sind die Magier im Garten. Sie verschaffen sich mit ihrer Leuchtkraft direkten Zugang zu unseren Gefühlen. Und für viele gehören Farben einfach untrennbar zu einem Garten. Als die wichtigsten Farbträger sind hier natürlich die Pflanzen zu nennen. Die Blüten von Blumen, Sträuchern und Bäumen sind es in erster Linie, die Gärtner und Gartenbesucher verzaubern. Ob monochrom oder in einem bunten Potpourri, ist dabei Geschmackssache. Und eine Frage des Stils oder auch der Mode, der man folgt. Eines ist aber ohne Zweifel leider wahr: Blütenschönheit ist vergänglich. Auch wenn sie vielleicht selbst dann noch, wenn sie längst vorüber ist, einen lebhaften Nachhall in unserer Erinnerung hat.

Wer dauerhafte Farbakzente setzen will, die die ganze Gartensaison begleiten, muss sich auf die »tote« Ausstattung verlegen. Bänke, Polster, Sonnensegel und -schirme, aber auch farbige Wände oder Beläge sind eine Möglichkeit, einen Garten oder eine Szene darin in eine gewünschte Stimmung zu versetzen.

## *Anregung*

**Wem flächig verwendete Farben zu aufdringlich sind und wer lieber etwas unterschwelliger mit der Wirkung von Farben arbeiten will, kann diese in »gebrochenen« Flächen, also zum Beispiel gitter- oder linienhaften Strukturen, wie etwa Rankgerüsten oder sonstigen Bauteilen aus schlanken Holzprofilen oder Metall, einsetzen. Auch mit abgetönten und pastelligen Farben ist, besonders für Ungeübte, leichter der »richtige« Ton zu treffen. Ton-in-Ton-Verläufe wirken immer harmonisch und angenehm fürs Auge.**

UNTEN: Farbe, die uns flächig entgegentritt, kann uns mit ihrer ganzen Wucht einnehmen. Und ihre Wirkung auf unsere Gefühle ganz direkt und unmittelbar ausspielen. Gelb, die Farbe von Sonne und Wärme, ist ideal für Plätze in voller Sonne, da die Farbe dem Thema entspricht. Und dort grelles Gelb nicht aufdringlich, sondern genau passend wirkt. Genauso verhält es sich mit Blau im Schatten. Blau, das ohnehin die Eigenschaft hat, die Konturen etwas zu verwischen, passt hervorragend in das hier herrschende etwas dunstige Licht.

Bäume sind hervorragende natürliche Schattenspender und vermitteln ein unvergleichliches Gefühl von Geborgenheit. Womit sie geradezu prädestiniert sind als »Schirmherren« für Sitzplätze im Garten.

Links oben: Der sommerliche Garten dient als Aufenthaltsort für alle Tageszeiten. Für ein Frühstück unter freiem Himmel ist eine Ostterrasse ideal, auf der sich die Strahlen der Morgensonne einfangen lassen. Heitere Farbmomente, wie hier das Gelb im Mosaik, setzen fröhliche Akzente und helfen bei einem guten Start in den Tag.

Links unten: Zeit für Siesta! In den Mittagsstunden, wenn die Sonne am höchsten steht und die Temperaturen langsam den Tagesgipfel erklimmen, sind schattige Plätzchen zum Ausruhen und Entspannen gefragt. Glücklich kann sich schätzen, wer dann solchen Baumbestand hat, unter dem er sich, im transparenten Schatten des Blätterdaches, niederlassen kann.

Rechts oben: Am Abend ist wieder der Zeitpunkt für Schlemmerfreuden herangerückt. Am Mosaiktisch, beschützt von einer romantisch mit Rosen umrankten Laube, kommt fast schon mediterranes Lebensgefühl auf. Entsprechende Sitzplätze sind, zum vollen Genuss der Abendsonne, am besten westexponiert.

Rechts unten: Der späte Abend und die Nacht sind die Zeiten der Inszenierungen. Kerzenlicht und Fackeln zaubern romantische Momente in den Garten – und das mit sehr wenig Aufwand. Stimmungen, die man ruhig auch einmal für sich selbst schaffen darf und die nicht nur dem Gartenfest vorbehalten sein sollten.

# Von Morgens bis Abends

# Blicke schweifen lassen

LINKS: Im Garten geht es nicht ums Gesehen-Werden, sondern ums Selbst-Sehen. Beobachten, Atmosphäre inhalieren, Natur und Wetter erleben gehören für viele zu den wichtigen Motiven und Gewinnen aus dem entspannten Gartengenuss. Damit werden Sitzplätze im Freien immer auch zu »Beobachtungsposten«.

LINKS UNTEN: Plätze mit echtem Panoramablick sind solche Rundbänke. Sinnvoll platziert sind sie natürlich nur dann, wenn auch tatsächlich interessante Motive rundum geboten sind. Rundbänke sind anlehnungsbedürftig und suchen immer die optische Stütze eines kräftigen Stamms.
Für den frisch angelegten Garten sind sie daher nicht wirklich empfehlenswert – außer der besitzt den unschätzbaren Vorteil alten Baumbestands. In gewachsenen Gärten dagegen können sie sich wunderbar niederlassen und wirken dort oft so, als ob ihr Platz einfach immer schon auf sie gewartet hätte.

RECHTS: Wer solche Landschaft direkt vor der Haustüre liegen hat und sie nicht ins Blickfeld zumindest eines Sitzplatzes integrieren würde, wäre ein ignoranter Narr! Ein solcher Blick darf einfach nicht verbaut oder zugepflanzt werden. Die Landschaft in den Garten zu holen und ihm damit scheinbar unendliche Weite zu geben, ist eine einmalige Chance, die sich nur wenigen bietet.

# Lauschige Versteckspiele

OBEN UND UNTEN: Am schönsten lässt es sich einfach beobachten, wenn man ein wenig verborgen ist. Und sich geborgen fühlt in seinem Rückzugsort. Daher sind solche »grüne Nischen« so wichtig für jeden Garten. Und Platz ist für solche Eckchen eigentlich immer – auch in kleinen Gärten.

OBEN UND UNTEN: Solche etwas versteckten Plätze im Garten können ganz formlos auftreten. Oder aber auch ein wenig inszeniert werden. Wie zum Beispiel mit grünem Tor und Mauer (oben), die neugierig machen und eine nette formale Spielerei in der Gestaltung sein können.

Nicht an den Rand gedrängt, sondern wirklich mittendrin: ein solcher Sitzplatz hat wieder ganz andere, eigene wunderbare Qualitäten. Nicht distanziertes Beobachten, sondern unmittelbarer Gartengenuss sind seine Trümpfe. Und doch wirkt er wieder komplett geborgen, dank des schützenden Laubdaches über sich.

# Romantische Refugien

Manchmal hat man einfach das Bedürfnis, sich ein wenig zurückzuziehen, Sehnsucht nach stiller Beschäftigung, In-sich-gekehrt-Sein, nach einem distanzierteren Blickwinkel. Dann ist ein Platz, der von allen Seiten einsichtig ist, sicher nicht das Richtige. In solchen Momenten sucht man instinktiv nach einem schützenden Dach und geschlossenen Wänden, nach der Abgeschirmtheit und Geborgenheit eines richtigen Raumes. Was Natur und Garten so zunächst nicht bieten.

Abhilfe ist jedoch schnell gefunden: Pavillons und Gartenhäuser bieten die gewünschten Rückzugsmöglichkeiten und mit ihrer Geschlossenheit auch ein wenig geheimnisvolle Spannung. Sie machen neugierig und laden ein auf eine Erkundung des dort vielleicht Verborgenen.

Pavillons haben immer einen hoch repräsentativen Charakter. Die wertvollen Kleinarchitekturen sind so dominant in ihrer Erscheinung, dass sie nach einer besonderen Stellung im Garten verlangen – und diese ohne Zweifel auch verdienen. Klassisch und auch am bekanntesten sind historisierende Formen. Mehreckige oder auch runde Baukörper mit zum Teil sehr aufwändigen Wand- und Dachkonstruktionen sind typisch. Hoher Beliebtheit erfreuen sich auch

Ganz links: Mobiles Gartenhaus: Mit der Optik des alten Pferdewagens passt dieses doch recht ungewöhnliche »Gartenhaus« am besten in ein ländlich wirkendes Umfeld, wie hier auf diese Obstwiese.

Links: Kleine Gartenhäuschen wie dieses setzen Glanzpunkte in zuvor vielleicht unbeachteten Ecken des Gartens und erheben diese damit zu attraktiven Anlaufstellen für Gartenbesucher.

Unten: Das »Wagenhäuschen« der Vorseite in der Innenansicht. Die kräftige, heitere Farbgestaltung passt zu dem ungewöhnlichen Gefährt. Und das leuchtende Grün tut gut bei dem fast fensterlosen Raum.

Modelle mit asiatischem Flair. Doch gerade bei solch forderndem Äußeren ist zu bedenken, dass dieses auch zur gegebenen Umgebung passen muss beziehungsweise dieses dann darauf abgestimmt werden muss. In romantischen Gärten, klassischen Landhaus- oder Cottagegärten lassen sich solche Modelle sicher recht gut integrieren. Moderne Architektur beim Wohnhaus, moderne Gärten mit auch deutlich klarer Formensprache verlangen aber auch einen entsprechend klaren Widerhall in allem Gebauten.

Ob die Seitenflächen des Gartengebäudes geschlossen sind, mit umlaufender Verglasung beziehungsweise Fensterband oder eingeschränktem Blickfeld nach draußen – oder ob gar auf Seitenflächen verzichtet wird und lediglich ein von Säulen getragenes Dach gewünscht wird – ist Geschmackssache und muss entsprechend dem eigenen Bedürfnis nach Geschütztheit gewählt werden.

In jedem Fall ist, ihrer Solitärwirkung entsprechend, ein besonderer Standort zu wählen. Pavillons sind ideale Zielpunkte für Sichtachsen im Garten.

Oder auch schön in Kreuzungspunkten von Achsen eines formalen Gartens. Ein Klassiker ist auch der Pavillon am Wasser. Natürlich kann er auch der Höhepunkt eines eigenständigen Gartenbereichs in einer weitläufigeren Anlage sein. Dann ist er auch stilistisch am unabhängigsten vom Wohnhaus.

Dezenter und leichter in jeden Garten zu integrieren sind mehr oder minder schlichte Gartenhäuschen, die in ihrem Äußeren wesentlich bescheidener auftreten als Pavillons. Sie können eine ganze Palette an Aufgaben erfüllen. Natürlich gerne auch wieder als vor Wind und Wetter geschützter Sitzplatz, auch mal ganz profan als Gerätehaus oder aber als Spielhäuschen für Kinder. Und sie lassen sich problemlos in einem versteckteren Winkel des Gartens einfügen oder an den Rand stellen. Der große Auftritt in Solitärstellung entspricht weniger ihrem Charakter.

Lauben sind die Verwandten von Gartenhaus und Pavillon. Deutlich luftiger und heiterer, ohne geschlossenes Dach, dafür aber umrankt von attraktiven Kletterpflanzen, sind sie wunderbare, blickgeschützte Rückzugsorte an heißen Sommertagen. Besonders filigran wirken Modelle aus Eisen. Wer es rustikaler mag, der findet in Holz den richtigen Baustoff.

Oben links: Perfekt gewählt! Die rustikale Laube aus Holz im Naturton fügt sich ganz harmonisch in diese waldartige Partie des Gartens ein und wirkt, als ob sie an diesem Platz einfach genau ihre Entsprechung gefunden hätte.

Unten links: Fast schon ein wenig orientalisches Flair erschafft die geschwungene Form der Fensterausschnitte in diesem Pavillon. Der filigrane Deckenschmuck und die Korbsessel ergänzen wunderbar den Raumeindruck.

Oben rechts: Während Holz im naturbelassenen Zustand sich mit einer bescheidenen Rolle begnügt, wird es farbig gestrichen zum wahren Blickfang – solange es regelmäßig nachgestrichen wird und damit seine Attraktivität bewahrt.

Untn rechts: Ein Gefühl vom Leben auf dem Land nimmt einen beim Anblick dieser Szene ein. Eine schöne Idee für die Innenausstattung eines Gartenhauses in einem Natur- oder Cottagegarten.

# Wer im Glashaus sitzt …

LINKS: ... der kann sich über Lichtgenuss satt freuen! Wintergärten sorgen dafür, dass die Gartensaison auch in unseren Breiten ganzjährig wird. Herrlich, wenn eine Wasserfläche direkt vorgelagert ist und so der ohnehin schon wunderbare Panoramablick auf das Gartengeschehen noch gesteigert wird. Unerlässlich für heiße Tage oder solche mit intensiver Sonneneinstrahlung: Sonnenschutz und gute Lüftungsmöglichkeiten!

RECHTS OBEN: Eine schöne Idee: Ein gläserner Laubengang umschließt einen geschützten Gartenhof und gibt dank seiner Transparenz doch den Blick frei auf den dahinter liegenden Garten. Ein Garten im Garten.

RECHTS MITTE UND UNTEN: Laube oder Pavillon oder beides zugleich. Das gläserne Dach mit der schmalprofiligen Stahlkonstruktion gibt Schutz vor Regen, sammelt wärmende Sonnenstrahlen und scheint fast über den massiven grünen Wänden der Hainbuchenhecke zu schweben. Sicht nach außen gewähren nur die Schlitze in den Achsen des Quadrats, sodass der Blick in den Garten ganz gezielt gebündelt wird.

Dialog in Weiß. Veranda und Pavillon stehen in Blickbeziehung zueinander und sind verbunden durch ein Farbthema. Diese Farbeinheit ist ein gutes Mittel, um die gestalterische Zusammengehörigkeit von Haus und Garten zu betonen. Und gerade in kleinen Gärten ist sie auch wohltuend beruhigend und Großzügigkeit vermittelnd.

*Was im Garten so wohl tut,*
*ist die glückliche Mischung von Ruhe und Erwartung,*
*von Spannung und Frieden.*

*(Willem van Vloten)*

## Anregung

**Gerade bei der Planung von Sitzplätzen am Haus sollte man sich ganz genau überlegen, welche Funktionen diese später einmal übernehmen sollen. Besonders gilt dies für die Größe der befestigten Fläche. Wer gerne mit vielen Leuten feiert und eine dauerhaft aufgebaute Sitzgruppe mit Tisch und Stühlen nebst Möblierung wie Sonnenschirm oder Kübelpflanzen unterbringen will, braucht einfach viel Platz. Wer aber nur ein Plätzchen fürs private Genießen schaffen will, fühlt sich auf der gleichen Fläche schnell verloren.**

RECHTS OBEN: Zu moderner Architektur und modern-formalen Gärten passen keine verspielten oder romantisch wirkenden Möbel. Hier zeigen ein Tisch aus Eisen und Glas und Sessel mit schlichten weißen Hussen, wie man es richtig macht. Klare Formen mit wenig Zierrat sind hier die bessere Wahl. Alu, Glas und moderne Kunststoff- oder aber Loomgeflechte bieten sich als Material an.

RECHTS UNTEN: In historisch-romantischem Umfeld dagegen sind Möbel wie diese Korbsessel perfekt. Wer nach wetterfestem Material sucht, dem seien Kunststoffgeflechte wie Hularo empfohlen, die sehr unempfindlich, aber dem Naturgeflecht sehr ähnlich sind.

LINKS: Ein perfekter Platz fürs stille Genießen. Intimer als dieser Miniatur-Gartenhof kann ein Garten wohl kaum sein. Ganz richtig wurde hier, auf kleinster Fläche, auf sehr filigran ausgebildete Möbel geachtet, sodass der vorhandene Raum, obwohl eigentlich zugestellt, nicht überfüllt wirkt.

LINKS OBEN: Ein großer Vorteil von Holz als Material im Freien ist dessen Wärme, die empfundene wie auch die tatsächlich spürbare. Für solche Terrassen in Gartenhöfen, die im Normalfall immer etwas mit Schatten und Kühle zu kämpfen haben, ist die gefühlte Wärme ein hoher Gewinn. Doch auch wer barfuß darüber läuft, wird die angenehme Temperatur des Materials zu schätzen wissen.

LINKS UNTEN: In voller Sonne dagegen ist Stein, ob Natur-, Betonstein oder Klinker, ein sehr gutes Material. Nicht nur wegen seiner Dauerhaftigkeit und Wertigkeit, sondern auch weil er ein hervorragender Wärmespeicher ist und eben diese auch dann noch, wenn die Sonne sich schon verabschiedet hat, in sich trägt und langsam abstrahlt.

RECHTS OBEN: Als Faustregel gilt: Kleinteilige Beläge passen am besten zu kleinen Flächen und Großformatiges gehört auch auf große Flächen. Polygonale Plattenbeläge wie dieser haben einen informellen Charakter. Sie nehmen keine Richtung auf und geben keine vor. Wenn sie momentan auch ein wenig aus der Mode sind, so haben sie doch mit ihrem Patchworkcharakter ihren ganz eigenen Reiz.

RECHTS UNTEN: Die Bank vor der Haustür hat eine lange Tradition und eine wichtige soziale Funktion für das Leben in der Nachbarschaft. Sie sind nicht nur »Beobachtungsposten« für das öffentliche Leben vor der Haustür, sondern auch wichtiger Treffpunkt für ein Schwätzchen mit Nachbarn und Bekannten. Und eine praktische Ablagefläche für Einkäufe, Geerntetes und vieles mehr.

# *Dem Himmel so nah …*

UNTEN LINKS: Ein Problem, mit dem auf Balkonen regelmäßig gekämpft wird, ist der Wind- und Sichtschutz. Brüstungsmauern schlagen hier gleich zwei Fliegen mit einer Klappe. Zusätzlich vermitteln sie echtes Raumgefühl und erzeugen den Eindruck von Geborgenheit.

UNTEN RECHTS: Wenn der Balkon sich in Ausstattung und Möblierung dem Wohnraum nähert, wirkt er wie dessen großzügige Erweiterung. Davon profitiert besonders das Wohngefühl im Hausinneren. Ist der Balkon überdacht, ist auch üppige Textilverwendung wie hier leichter zu realisieren. Eine Truhe o.Ä. zur Aufbewahrung ist aber trotzdem ratsam.

RECHTS: Segel sind auch auf Dachterrassen eine schöne Lösung für den Schutz vor zu viel Sonne. Besonders weil sie wenig oder gar nichts von der ohnehin meist beengten Grundfläche einnehmen und auch sehr großzügig wirken. Da auf dem Dach aber mit einer höheren Windlast zu rechnen ist, muss für eine besonders stabile Verankerung gesorgt werden.

Gartenglück muss sich manchmal mit sehr wenig Raum begnügen. Zum Beispiel, wenn der Garten eigentlich nur ein kleines Freiluftzimmer auf Balkon oder Dachterrasse ist. Dass zwischen Raumqualität und Raumquantität aber kein zwingender Zusammenhang besteht, wissen wir aus Wohnung und Haus. Es kommt eben immer darauf an, was man aus den vorgegebenen Bedingungen macht. Und die sind im Freien erst mal nicht so schlecht. Gibt es hier doch einen Vorteil, den kein geschlossener Raum jemals bieten kann: Wirkliche Enge wird es – gefühlt zumindest – niemals geben. Weil wir im Freien immer die Weite des Himmels spüren und der Umgebung rundum. Und wir beide mit in das kleine Gartenkabinett hereinholen und dessen Weite damit unglaublich vergrößern können. Im günstigsten Fall mit fantastischer Aussicht und schönen Blickpunkten. Falls nicht, was zugegebenermaßen schon auch der Fall sein kann, dann gilt es, Hässliches auszublenden, etwa mit Pflanzen, Sichtschutzwänden oder attraktiven Rankgerüsten, und den Fokus ganz gezielt auf die verbliebenen Highlights zu richten. Das wird der Himmel mit seinem Spiel der Wolken, mit Sonne und Mond immer sein und bleiben. Falls aber auch dieser Blick verbaut sein sollte, heißt es sich zurückziehen und eine eigene schöne Balkon-Welt im Verborgenen erschaffen …

Balkon und Dachterrasse für sich allein haben zwangsweise einen viel stärkeren Zimmercharakter als jeder Garten. Sie sind eben Teil des Gebauten, der Architektur oder zumindest sehr stark davon geprägt. Deshalb sollte man auch ähnlich an ihre Gestaltung herangehen. Böden, Mobiliar, Pflanzen und Accessoires sind zu einem harmonischen Raumeindruck zusammenzuführen. Die schönsten Lösungen sind dabei solche, die den Dialog mit dem Innenraum suchen. Wenn Materialien, Formen und Farben von Innen und Außen korrespondieren, und Innen- und Außenraum so wechselseitig gefühlt an Größe gewinnen. Wegen des begrenzten Raumangebots muss man sich zuerst darüber klar werden, was sich später auf der Fläche alles abspielen soll. Und sich dann auf das wichtigste Ziel beschränken, dieses dann aber wirklich gut umsetzen. Das bringt, wie so oft, am Ende mehr Gewinn als nur halbherzig ein wenig von allem.

OBEN LINKS: ... und noch einmal Blau satt! Die Farbe der Romantik gilt als ganz besonderer Stimmungsträger und hat eine sehr edle Ausstrahlung. Auch wenn Blau als kühle Farbe empfunden wird. Doch sie wirkt auch raumweitend – auf einem kleinen Balkon ohne Zweifel von Vorteil – als sympathisch und Harmonie schaffend. Also alles in allem eine gute Wahl für ein südexponiertes Sommer-Sonnenzimmer, dem die Kühle des Blaus nichts anhaben kann.

OBEN RECHTS: Wie Gemälde und Rahmen wirken das Balkonpanorama und die üppig eingewachsenen Blumenkästen. Das tut nicht nur Auge und Seele gut, sondern ist auch wirksamer Sichtschutz vor neugierigen Blicken.

LINKS: Die Bedeutung von Pflanzen auf dem Balkon, ob in Kästen oder als Kübelpflanzen, kann gar nicht hoch genug geschätzt werden. Sie sind mit die größten Wohlfühlfaktoren und auch bei noch so beengten Verhältnissen einfach unverzichtbar. Besonders harmonisch ist der Eindruck, wenn wie hier mit dem Farbthema Blau ein durchgängiges Motiv in der Ausstattung zu erkennen ist.

## Anregung

**Kübelpflanzen sind wichtige Farbträger und Stimmungsmacher auf Balkonen und Dachterrassen. Ihr Schmuckwert ergibt sich aus dem Miteinander von attraktiver Pflanze und schönem Pflanzgefäß. Bei reinen Blühpflanzen ist zu bedenken, dass diese in sehr vielen Fällen nur während der Blühphase ansehnlich sind. Daher ist eine Kombination von einjährigen Blütenpflanzen und mehrjährigen Blattschmuckpflanzen, die bei ausreichend großem Kübel auch auf dem Balkon überwintern können, zu empfehlen.**

# TERRASSEN UND SITZPLÄTZE

## RUHEPOLE IM GARTEN

Terrassen und Sitzplätze sind die Ruhepunkte, Aufenthaltsorte und Treffpunkte im Garten. Für ihre Gestaltung gibt es zahlreiche Möglichkeiten. Am Anfang, noch vor der Materialwahl, liegt immer die Wahl der Form. Und die Frage, wie man Übergänge schaffen will, besonders zu angrenzender Vegetation. Dieser Gestaltaspekt ist nicht zu unterschätzen. Allzu oft gerät er ins Hintertreffen, weil sich zu sehr auf das Material, dessen Format und Farbe konzentriert wird. Damit würde man aber nur ein Element im Garten isoliert betrachten. Ein gelungener Garten entsteht immer nur aus einem gelungenen Miteinander all seiner Elemente. Damit ist die Bedeutung einer »guten Nachbarschaft« nicht hoch genug zu schätzen.

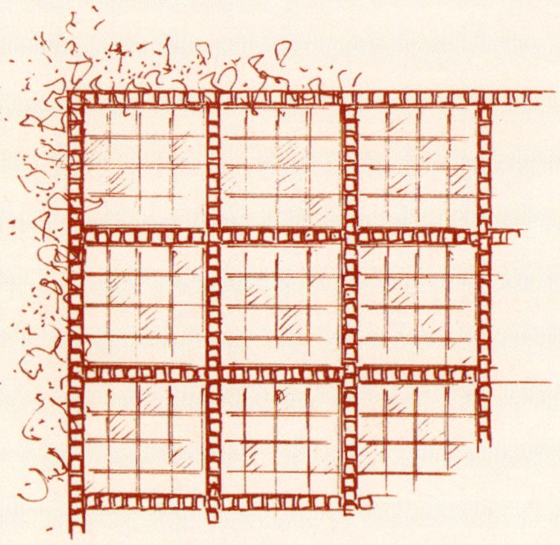

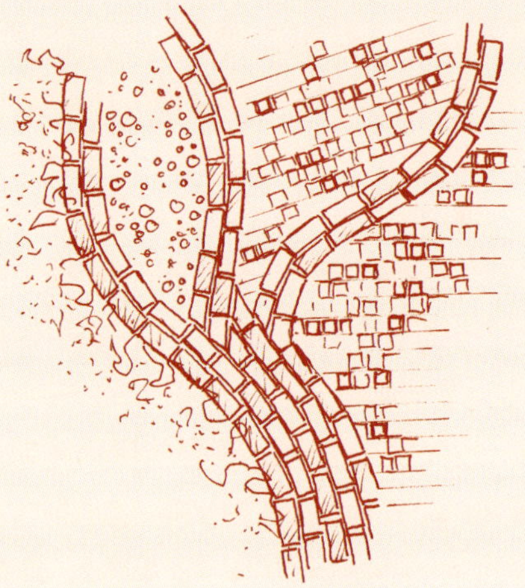

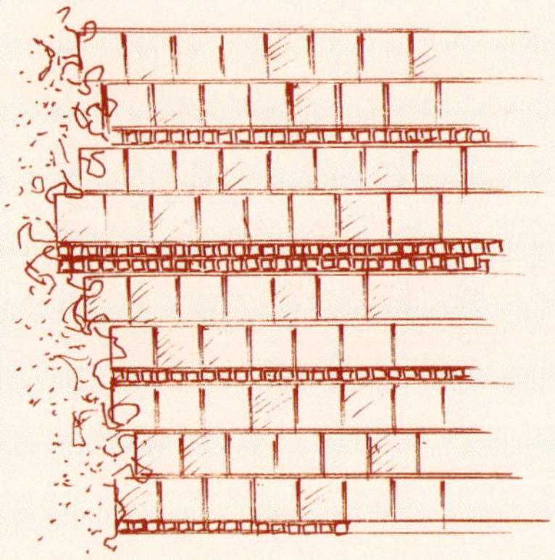

**Geschlossenheit und Klarheit**
Gerade Abschlüsse an Belägen geben dem Sitzplatz eine sehr ruhige Form. Wenn eine absolut regelmäßige Gliederung des Belages vorgesehen ist und dabei rechtwinklige Belagsformate gewählt wurden, ist ein solcher Abschluss auch am sinnvollsten und die schönste Variante, da Form und »Inhalt« zusammenpassen. An solche Flächen sollte aber nie wieder nur Flächiges anschließen, wie etwa Rasen. Sonst kommt leicht Monotonie auf. Spannung ergibt sich aus anschließenden Staudenpflanzungen, die in deutlichem Kontrast zu den strengen Linien stehen und diese auch im Übergang von Belag zu Pflanzung angenehm brechen.

**Freie Formen und Dynamik**
Geschwungene Abschlüsse sind nur mit kleinformatigen Belagsmaterialien auszuführen. Sie erlauben es, mit organischen Formen zu spielen. Und man kann mit ihnen auch innerhalb der Belagsflächen frei mit allen erdenklichen Mustern arbeiten. So können auch sehr unterschiedliche Materialien, Formen und Farben wie in einem Patchwork oder Mosaik gut zusammengeführt werden.

**Verzahnung und Rhythmus**
Am »natürlichsten« wirken im Freien Randausbildungen, die »ausfransen« und durch Vor- und Rücksprünge geprägt sind. Wohl deswegen, weil auch die Natur keine absolut geraden Linien kennt. Der Übergang zu Pflanzungen wie auch zu Rasen wirkt daher hier sehr harmonsich. Das typische Verlegemuster zu solchen Rändern ist der Reihenverband, der hier in jeder Reihe zufällig auszulaufen scheint. Ihm verleihen Gliederungsbänder mit Material- oder Formatwechsel Spannung. Bei frei ausgebildeten Rändern ist zu beachten, dass diese aus bautechnischen Gründen nicht so starr ausgebildet werden können wie gerade Kanten und sich daher auf weniger belastete Flächen beschränken sollten.

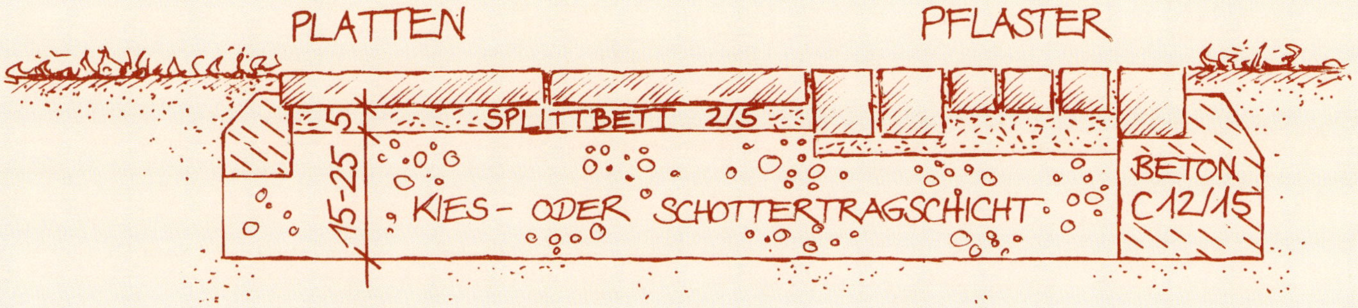


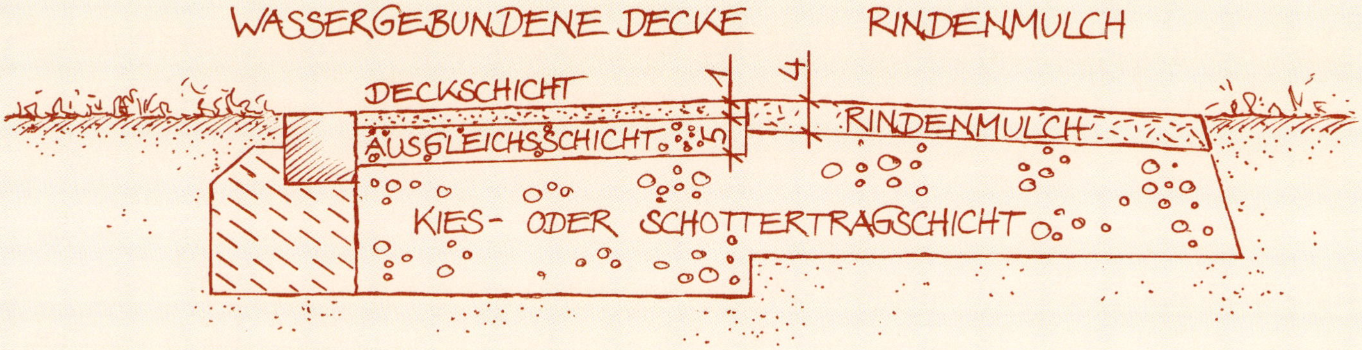


Die Oberflächen von Terrassen und Sitzplätzen breiten sich wie schöne Teppiche vor uns aus. Damit diese ihre Schönheit dauerhaft bewahren und auch den alltäglichen Belastungen standhalten, ist ein solider Aufbau der Belagsflächen erforderlich. Nach dem Aushub ist immer der anstehende Boden sehr sorgfältig zu verdichten. Darauf wird eine Tragschicht aus Kies oder Schotter aufgebracht, deren Dicke sich nach der späteren Belastung der Fläche und der Frostempfindlichkeit des anstehenden Bodens richtet. Darauf wird schließlich die sichtbare Decke aufgebracht. Platten und Pflaster werden in ein 3 bis 5 cm dickes Bett aus Splitt verlegt und in dieses anschließend eingerüttelt. Ränder werden, um eine gute Stabilität zu erhalten, mit einem Betonkeil oder einer fest in Beton versetzten Reihe aus Pflaster oder Randsteinen eingefasst. Naturnaher wirken so genannte wassergebundene Decken oder Rindenmulchflächen. Bei ihnen folgt auf die Tragschicht bei der wassergebundenen Decke eine Ausgleichs- sowie eine Deckschicht aus im Vergleich zur Tragschicht jeweils feiner werdenden Schicht aus gebrochenem Steinmaterial, die unter Zugabe von Wasser und gleichzeitigem Einwalzen verfestigt wird. Bei Rindenmulchflächen wird auf die Tragschicht einfach eine ca. 4 cm dicke Rindenmulchschicht aufgetragen.

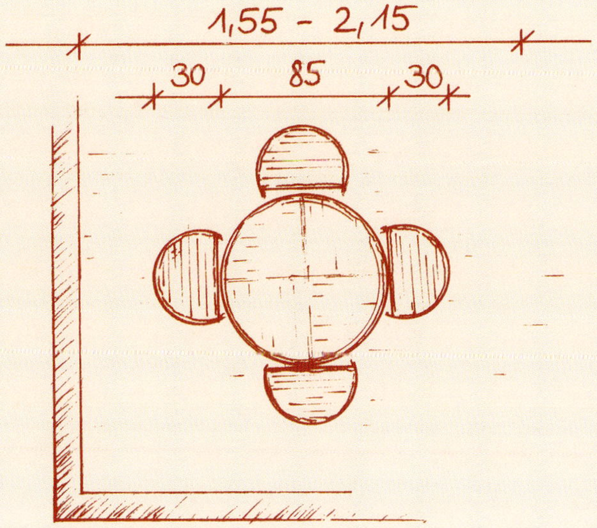


Links: Zentrum eines Sitzplatzes ist meist die Sitzgruppe. Daher ist sie auch Ausgangspunkt für die Planung der Größe von Terrasse und Sitzplätzen. Hier ist exemplarisch der Mindestbedarf für einen Tisch von 85 cm Durchmesser und vier Stühlen skizziert. Neben dem Sitzplatz selbst sind in der Planung noch Flächen für die gewünschte weitere Ausstattung wie Sonnenschirm, Liegestuhl oder Kübelpflanzen zu berücksichtigen.

# PERGOLEN

## Luftige Konstruktionen zum Beranken

Pergolen gehören zu den beliebtesten und auch schönsten Architekturen, die im Garten Verwendung finden. Sie sind die wunderbare Verbindung aus Offenheit und Geschlossenheit, aus Bauwerk und Pflanze. Sie geben Schutz, Schatten und Geborgenheit und lassen doch den herrlichen Blick zum Himmel frei.

Zwar sind sie für sich allein schon eine Augenweide, Leben wird ihnen aber erst von den kletternden Pflanzen eingehaucht, die sie im Sturm erobern dürfen. Bei Kletterpflanzen wird grundsätzlich in zwei große Gruppen unterschieden. Zu den so genannten Gerüstkletterpflanzen gehören alle Schlinger, Winder und Ranker, die zwingend ein Rankgerüst mit relativ schlanken Profilen benötigen, um ihrem Klettereifer auch tatsächlich nachkommen zu können. Sie sind die richtige Wahl für die Begrünung von Pergolen. Die Pflanzen der Tabelle unten stammen ausschließlich aus dieser Gruppe. So genannte Selbstklimmer wie Efeu, Kletterhortensie, Wilder Wein oder Trompetenwinde werden besser an Wände und geschlossene Flächen gepflanzt.

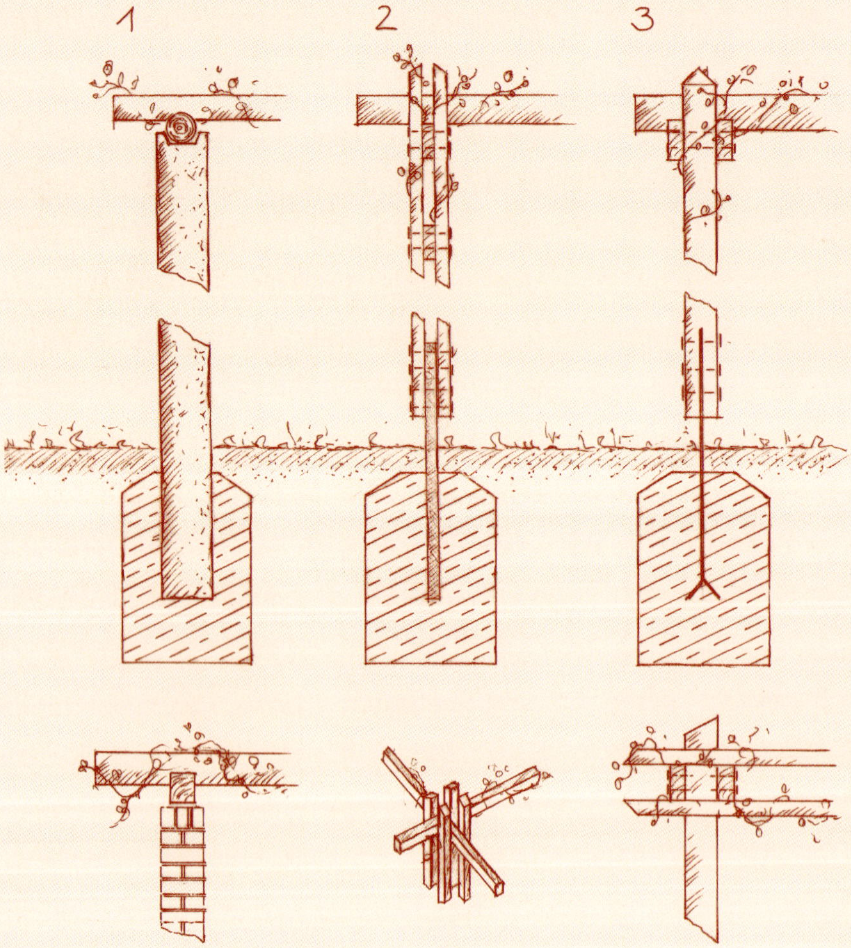


**Konstruktion**
Pergolen können aus den unterschiedlichsten Materialien und in sehr vielfältigen Konstruktionsarten gebaut werden. Hier ein paar Beispiele für die Ausbildung von Stützen, Stützenköpfen und –füßen, um nur eine Vorahnung von den vielen Gestaltungsmöglichkeiten zu geben.
(1) Am bodenständigsten und ruhigsten wirken Säulen aus Stein. Der Klassiker, orientiert an den ursprünglichen Pergolenformen des Südens, sind monolithische Steinsäulen. Je gröber bearbeitet, desto rustikaler wirken sie. Die Säulen werden direkt in einem Betonfundament verankert. Eine Alternative ist Mauerwerk, z.B. aus Klinker.
(2) Holz kann, wenn die Konstruktion entsprechend konzipiert wird, sehr filigran auftreten. Zum Beispiel, wenn Stützen aus mehreren schlanken Querschnitten zusammengesetzt sind. Das können zum Beispiel vier Latten oder zwei Bretter bzw. Bohlen sein. Holz sollte, um lange Bestand zu haben, weder direkten Erdkontakt haben noch im Bereich von Spritzwasser verwendet werden. Daher werden Holzkonstruktionen immer über den Spritzwasserbereich (ca. 15 cm) aufgeständert. Getragen werden sie von Metallrohren, breiten Eisenbändern oder so genannten Balkenschuhen, auf die sie aufgeschraubt werden.
(3) Markanter, aber auch wieder rustikaler sind Pfosten, die aus einem Kantholz bestehen.

| Botanischer Name | Deutscher Name | Höhe in m | Blütezeit/ Blütenfarbe | Standort |
|---|---|---|---|---|
| *Actinidia arguta* | Scharfzähniger Strahlengriffel | 6-8 | V-VI weiß, versteckt, unauffällig, duftend | sonnig bis halbschattig |
| *Actinidia chinensis* | Chinesischer Strahlengriffel, Kiwi | 8-10 | VI cremeweiß – gelb | sonnig bis halbschattig |
| *Actinidia kolomikta* | Flamingo-Strahlengriffel | 3-4 | VI Weiß | sonnig bis halbschattig |
| *Akebia quinata* | Fingerblättrige Akebie, Klettergurke | 6-8 | V Blüten einhäusig Weiblich: braun-violett Männlich: rosa | sonnig bis halbschattig |
| *Aristolochia macrophylla* | Pfeifenwinde | 8-10 | III-IV grün-rosa | halbschattig bis schattig |
| *Celastrus orbiculatus* | Chinesischer Baumwürger | 12-14 | VI grüngelb Unscheinbar | sonnig bis halbschattig |
| *Clematis alpina* | Alpen-Waldrebe | 2-3 | V-VI blau-violett | lichtschattig bis schattig |
| *Clematis montana* var. *rubens* | Anemonen-Waldrebe | 8-10 | V-VI Rosa | sonnig bis halbschattig, auch schattig |
| *Clematis tangutica* | Gold-Waldrebe | 4-6 | VI; Nachblüte im Herbst goldgelb | sonnig bis Halbschattig |
| *Clematis viticella* | Italienische Waldrebe | 3-5 | VI-IX purpur bis violett | sonnig |
| *Clematis*-Hybriden | Großblumige Clematis-Hybriden | 2-4, z.T. 6 | Variiert nach Sorte | sonnig bis halbschattig |
| *Humulus lupulus* | Hopfen | 2-6 | VII-VIII grün | sonnig bis halbschattig |
| *Lonicera caprifolium* | Jelängerjelieber | 4-6 | V-VI gelblich-weiß, außen rot überlaufen | sonnig bis schattig |
| *Lonicera henryi* | Immergrünes Geißblatt | 6-8 | VI-VII gelblich-rötlich | halbschattig bis schattig |
| *Lonicera x brownii* | Trompeten-Geißblatt | 2-3 | VI-IX orange | lichtschattig bis schattig |
| *Lonicera x heckrottii* | Feuer-Geißblatt | 3-4 | VI-X Außen blaurot bis purpur, innen gelb | halbschattig |
| *Lonicera x tellmanniana* | Gold-Geißblatt | 5-6 | V-VI gelb-orange | sonnig bis halbschattig |
| *Rosa* | Kletterrosen | 2-5 | Variiert nach Art/Sorte | sonnig bis halbschattig |
| *Vitis coignetiae* | Scharlach-Wein | (nach Sorte) | rostrot-filzig | sonnig bis halbschattig |
| *Vitis vinifera* | Echter Wein | 6-10 | grün | sonnig bis absonnig |
| *Wisteria floribunda* | Japanische Glycine | 8-10 | V-VI, lila | sonnig bis absonnig |
| *Wisteria sinensis* | Chinesische Glycine, Blauregen | 10-15 (30) | V lila | sonnig |

# WEINREBEN

## Schöne Früchte aus dem Paradies

Weintrauben erinnern an Urlaub, Sonne und den Süden. Und an Gaumengenüsse. Kurz an das süße Leben im Paradies. Jeder kann es sich in den Garten holen. Mit einem Weinstock, der eine sonnige Südwand, ein Spalier oder eine Pergola begrünt. Weinreben werden vermutlich schon seit etwa 5000 Jahren vom Menschen kultiviert. Sie werden relativ alt und können gut und gerne über 50 Jahre zählen. Die Ernte aus unseren Breiten ist gut für den Frischverzehr und für die Saftgewinnung.
Übrigens zeigen blaue Sorten im Herbst eine besonders schöne rote Laubfärbung.

**Standort und Pflanzung**

> Weinreben verlangen einen warmen, durchlässigen Boden, schätzen einen gewissen Kalkgehalt und einen vollsonnigen Standort. Auf Bodenverdichtungen reagieren sie empfindlich.

> Da sie mit sechs bis acht Metern sehr tief wurzeln, sind sie perfekte Hungerkünstler, die auch längere Trockenperioden schadlos überstehen. Auch sehr kleine Pflanzlöcher werden hingenommen.

> Optimaler Pflanzzeitpunkt ist von April bis Mai, wenn der Boden sich langsam erwärmt und damit gute Anwachsbedingungen gegeben sind.

> Der Pflanzabstand beträgt etwa 1,50 Meter.

> Weinreben lieben regelmäßige Düngergaben aus organischem Material, etwa jährliche Gaben von Kompost oder gut verrottetem Mist.

> Bei veredelten Reben ist der Edelreiser beim Pflanzen bis auf ein Auge zurückzuschneiden, wobei über der Knospe ein so genannter Zapfen von etwa ein bis zwei Zentimetern stehengelassen wird, um ein Vertrocknen zu verhindern. Die Wurzeln werden bei ungetopften Pflanzen ebenfalls eingekürzt, auf etwa 10 Zentimeter Länge. Bei getopfter Ware wird nur der oberirdische Trieb zurückgenommen.

> Veredelte Reben werden vor dem Pflanzen 24 Stunden in warmes Wasser gestellt. Die Wurzeln werden im Pflanzloch flach und sternförmig ausgebreitet, die Wurzelspitzen sollen dabei nicht nach oben ragen.

> Die Pflanze wird so tief ins Pflanzloch gesetzt, dass die Veredelungsstelle etwa drei bis fünf Zentimeter über das Erdreich herausragt. Diese wird anschließend locker angehäufelt, um ihr Austrocknen zu verhindern.

**Erziehung**

> Ziel des Rebschnitts ist die Erhaltung der Vitalität der Pflanze. Je stärker geschnitten wird, desto geringer ist der Fruchtansatz und desto höher ist die Wuchsfreudigkeit.

> Der Rebstock wird grundsätzlich immer aus einem einzigen, kräftigen Trieb erzogen. In den ersten Jahren ist das Erziehungsziel eine kräftige Stammbasis. Solange diese für den angestrebten Zweck zu schwach erscheint, wird wieder auf ein Auge über der Pfropfstelle zurückgeschnitten. Seitentriebe werden noch im ganz jungen Zustand vorsichtig ausgebrochen.

> Schnittzeitpunkt für Weinreben ist immer der späte Februar bis März, bevor die Pflanze wieder im Saft steht, vor dem Anschwellen und Aufbrechen der Knospen. So wird das »Bluten«, das die Pflanze schwächende kräftige Austreten von Pflanzensaft aus den Schnittflächen, verhindert.

> Sobald der Stamm die gewünschte Stärke hat, wird er auf der Höhe, wo die neuen Seitenarme erzogen werden sollen, eingekürzt, zuzüglich zwei bis drei Augen. Aus diesen entspringen die späteren waagrechten Seitenarme, die für viele Erziehungsformen grundlegend sind. Bei Spalieren wäre es die erste von mehreren Etagen, die in späteren Jahren folgen. Der Trieb aus dem obersten Auge wird zur Stammverlängerung weiterzogen.

> Weinreben fruchten nur an den einjährigen Trieben, die aus dem zweijährigen Holz kommen. Daher schneidet man beim jährlichen Schnitt im späten Winter immer die

Die Erziehung in so genannten Kordons ist typisch für Weinreben – und eine besonders dekorative Form dazu. Aber auch das klassische Spalier mit mehreren Etagen ist häufig anzutreffen, hat sich bewährt und ist einfach anzulegen und zu unterhalten.

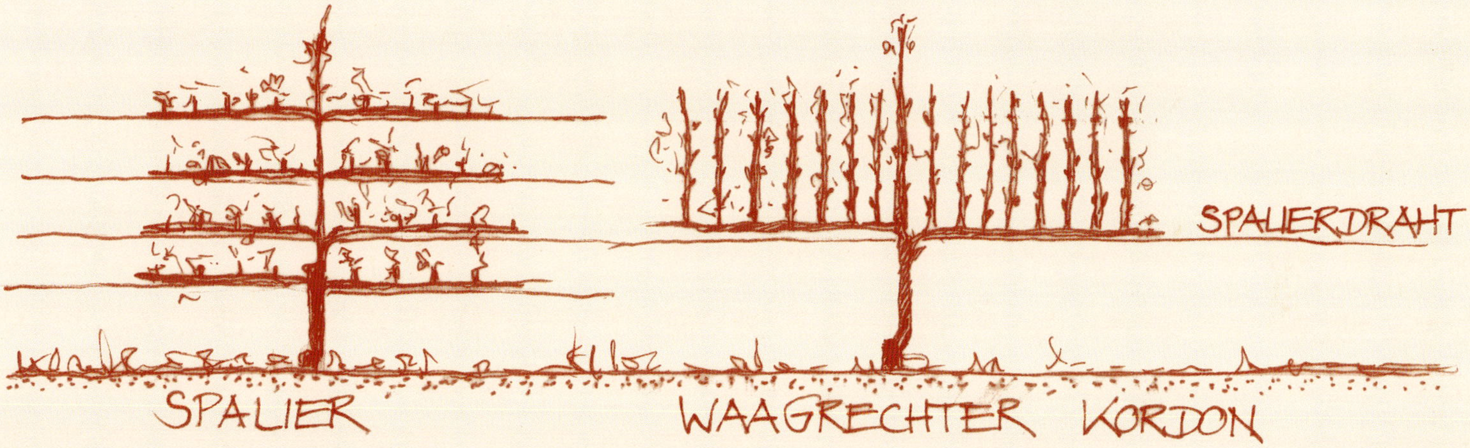


zweijährigen Triebe zurück, um neue Tragruten anzuregen. Diese werden auf zwei Augen über ihrem Ursprung zurückgenommen, wobei ein »Zapfen« von zwei bis drei Zentimetern über der letzten Knospe stehen bleibt, um deren Austrocknung zu verhindern. Daraus entspringen meist zwei Fruchttriebe, von denen im kommenden Winter der äußere komplett entfernt, der innere dagegen wieder auf zwei Augen eingekürzt wird.

› Mit der Zeit, wenn die Vitalität und Ernte kontinuierlich abnimmt, werden die Zapfenstümpfe regelmäßig auch wieder stammnah zurückgenommen, um so eine Verjüngung der Pflanze zu erzielen.

› Im Sommer wird noch der »Grünschnitt« ausgeführt. Dabei werden alle Triebe auf drei bis vier Blätter über dem letzten Fruchtansatz zurückgenommen. Triebe ohne Fruchtansatz werden komplett entfernt.

# erlebe

# GARTEN-FREIZEIT

Genuss hat so viele Gesichter. Und ist auch sehr individuell und liegt im Ermessen des Einzelnen. Voraussetzung für Genuss ist die Fähigkeit und auch die Bereitschaft, mit all seinen Sinnen bewusst zu leben und den Augenblick zu erleben. Mit der Vielfalt an sinnlichen Reizen kann es sicher so schnell kein Ort mit dem Garten aufnehmen. Womit er quasi prädestiniert ist zum Genießerparadies! Das Spektrum der angenehmen Freizeitaktivitäten, die wir in ihm ausüben können, ist entsprechend breit.

2002
DOMAINE LES

# DIE SEELE ERFÜHLEN

Einer der Gründe, warum die warmen Monate des Jahres immer wieder so sehnsüchtig erwartet werden, ist die damit endlich wieder gegebene Möglichkeit, das Leben ins Freie zu verlagern. Sicher, die gemütlichen Abende des Herbstes und Winters haben durchaus auch ihren Reiz. Aber man muss ehrlicherweise schon erwähnen: Sie sind irgendwo auch erzwungen. Von der Dunkelheit, die sich schon am frühen Abend oder gar Nachmittag breit macht, und auch von den unwirtlichen Temperaturen. Kein Wunder also, dass mit den ersten wärmeren Sonnenstrahlen und den langsam wieder anwachsenden hellen Stunden des Frühjahrs alles ins Freie zu stürmen scheint ...

Aktive Freizeitvergnügungen, die sich ganz wunderbar im Garten ausüben lassen, gibt es schließlich reichlich. Gemeinsam feiern, grillen, spielen, Sport treiben, den unterschiedlichsten Hobbys frönen, endlich wieder baden und planschen – es ist für jeden und auch alle Altersgruppen etwas dabei. Für manchen Freizeitspaß muss nichts weiter vorbereitet werden oder im Garten angelegt sein. Es genügt einfach ein freies oder gemütliches Eckchen. Für anderes ist aber doch ein gewisser Aufwand zu treiben. Oder es sind sogar aufwändige Bauarbeiten erforderlich und damit verbunden auch große Kosten. Ein Pool oder Schwimmteich etwa ist doch eine recht große Unternehmung. Aber eine, die die Besitzer später meist auf keinen Fall mehr missen wollen.

Es gilt also, am besten schon bei der Planung des Gartens, in Ruhe zu erfassen und abzuwägen, was der Garten alles bieten und welchen Anforderungen er entsprechen muss. Wenn möglich ein wenig vorausschauend. Schließlich soll das Grundgerüst der Anlage nach Möglichkeit für lange Zeit Gültigkeit haben. Die Bedürfnisse der darin lebenden Menschen ändern sich aber in vielen Punkten mit dem Lebensalter. Was ganz normal ist und im Prinzip auch weiter kein Problem – wenn man rechtzeitig mit der Zukunft geplant und kommende Veränderungen als Option berücksichtigt hat.

*Ein Garten ist etwas,*
*woraus man nur hat vertrieben werden können,*
*denn wie sonst hätte man ihn je verlassen?*

*(Rudolf Borchardt)*

OBEN LINKS: Weiß ist von allen Farben einfach am strahlendsten. Und wirkt immer heiter, luftig, frisch und belebend. Da es aber auch recht schmutzanfällig ist, meiden es viele bei allem, was dauerhaft im Garten aufgestellt oder eingebaut wird. Keine Berührungsängste sind aber bei allem Temporären wie einer solchen Sommertafel erforderlich.

OBEN RECHTS: Warme Farben entsprechen dem Sommer und erinnern an Sonne und Süden. Wieder sind Polster die einfachste Methode, mit ihnen den Sitzplatz zu »erwärmen«. Dekoartikel wie Windlichter oder Geschirr unterstützen, farblich abgestimmt, die Atmosphäre. Ein wenig Inszenierung bei solchen Essplätzen lohnt immer. Schließlich tut man damit sich und seiner Stimmung auch im Alltag etwas Gutes. Schön gerade für am Abend genutzte Sitzplätze: eine Mauer, die als Wärmespeicher dient und diese bis in den Abend hinein langsam wieder abstrahlt.

RECHTS: Jeder Tag ein Urlaubstag. Solch traumhafte Fernsicht und ein derartiges Panorama muss durch die richtige Standortwahl von Sitzplatz oder Terrasse einfach gerahmt werden. Um dann einen unvergleichlich schönen Platz für romantische Abendessen zu zweit zu bekommen. Die Tischdekoration beweist: Schon mit relativ geringem Aufwand ist eine festliche Tafel zu zaubern.

UNTEN LINKS: Grillen gehört zu den absoluten Sommervergnügen, im Kreise der Familie ebenso wie in einer Runde mit Freunden! Und es ist sicher eine der geselligsten Formen der Essenszubereitung. Scharen sich doch schließlich häufig alle um den Grill, um beim Garen zuzusehen ...

UNTEN RECHTS: Grillen ist doch eine eher rustikale Angelegenheit. Warum also sollte nicht der Sitzplatz am Grill auch rustikal gestaltet sein? Für den kleinen Kreis oder aber als Stellfläche für Zutaten und Beilagen eignet sich zum Beispiel ein solch individuelles Modell.

## *Anregung*

**Ob ein mobiler Grill gewählt wird oder ein dauerhaft in den Garten integrierter, hängt zunächst von den persönlichen Vorlieben ab. Und die sind meist davon geprägt, wie häufig während der Gartensaison gegrillt wird. Wer sich da auf wenige Male beschränkt, der ist sicher mit einem tragbaren Grill aus Metall am besten bedient. Für »Vielgriller« lohnt sich aber durchaus die Anschaffung eines ortsfest aufzustellenden Modells, von denen viele heute auch sehr dekorativ sind und darüber hinaus als Feuerstelle und Gartenkamin genutzt werden können.**

Robuste Gartentische aus Stein strahlen sehr viel Ruhe und Bodenständigkeit aus. Schließlich sind sie auch dauerhaft mit dem Boden unter ihnen verbunden. In einem ländlichen Garten wie diesen ist eine solch ursprüngliche Formgebung passend. In einem aufwändiger gestalteten Umfeld würde man ein in Form und Oberfläche stärker bearbeitetes Modell wählen.

*In einem Garten ging das Paradies verloren,*
*in einem Garten wird es wiedergefunden.*

*(Blaise Pascal)*

OBEN LINKS: Das hat doch fast schon Bilderbuch-Charme und erinnert ein wenig an die fünfziger Jahre: Der gepunktete Sonnenschirm in Fliegenpilzoptik und die Laube mit den knallblauen Fensterläden wirken, als ob sie einem Film der Wirtschaftswunderjahre entsprungen wären.

OBEN RECHTS: Anleihen aus Gullivers Reisen. Eine witziger Garten-Gag: Auf der übergroßen Gartenbank darf man die (Garten-)Welt für kurze Zeit wieder ein wenig aus der Perspektive der Kindheit erleben. Ein absoluter Hingucker ist sie zudem.

RECHTS: Das ist und bleibt einfach einer der besten Gartengenüsse: Gemeinsames Feiern mit Freunden und Familie an einem schönen Sommertag. Natürlich mit Sonnenblumen, die wie kaum eine andere Blume die Heiterkeit des Sommers symbolisieren.

LINKS: Wo könnte man ungestörter Picknick machen als im eigenen Garten? Übrigens auch eine gute Möglichkeit, Staudenbeete und vieles andere im Garten einmal aus einer neuen, ungewohnten Perspektive zu erleben ...

UNTEN: Licht ist nicht nur da, um Finsternis zu erhellen. Es ist auch ein ganz besonderer Stimmungsträger. Weniger das weiße Licht des Tages, das die Dinge scheinbar ganz real abbildet. Eher das warme, gelbe Licht der Romantik, wie es Kerzen und Fackeln am Abend zaubern. Und dann am besten auch nur punktuell, sodass vieles geheimnisvoll im Verborgenen bleibt ...

RECHTS: Garten-Romantik im Pavillon. So lässt sich der abendliche Garten wunderbar genießen – und das, ohne dass es schnell zu kühl oder zugig werden würde. Lauben und Pavillons mit geschlossenen Wänden sind nicht nur herrliche zurückgezogene Refugien am Tag. Sie sind auch begehrte, geschützte Aufenthaltsorte für Sommerabende oder die Übergangszeiten von Frühjahr und Herbst.

*Lieber das kleinste Licht anzünden,*
*als über die Finsternis klagen.*

(Chinesisches Sprichwort)

# Im Garten die Welt begreifen

Spiel ist in allererster Linie etwas, das Freude bereitet und keinen weiteren Zweck als sich selbst verfolgt. Aber es ist dennoch auch »lebenswichtig« für unsere Psyche. Eigentlich in jedem Lebensalter gleichermaßen. Unersetzlich ist es aber für Kinder. Denn es gibt nicht nur Entspannung und fördert Fantasie und Kreativität, sondern hilft wichtige Fähigkeiten zu erwerben – und einfach die Welt im wahrsten Sinne des Wortes zu begreifen.

Bewegungsspiele sind wichtig für die Koordination und um sich einfach auszutoben und den Bewegungsdrang zu stillen. Für viele Spiele ist vor allem Platz vonnöten, sodass man einfach mal rennen und ausgiebig toben kann. Andere, wie etwa das Schaukeln, sind auf ein Gerät angewiesen. Wenn der Platz im Garten eng ist, ist der freien Fläche zum Herumtollen in jedem Fall der Vorzug zu jedem Gerät zu geben.

OBEN: Kinder träumen immer von einem eigenen Reich, in dem sie ihre Welt außerhalb der sonst alles bestimmenden Erwachsenenwelt erschaffen können. Verborgene Reiche nur für Kinder wie Höhlen, abgelegene Gartenhäuser und Baumhäuser, die sich zunächst den Blicken der Eltern entziehen, sind daher ganz oben auf der Wunschliste, die Kinder an »ihren« Garten stellen.

OBEN RECHTS: Kletterspiele sind in fast allen Altersstufen beliebt, vom Kleinkind bis zum Jugendlichen. Denn Klettern bietet immer auch Spannung – und ein wenig Gefahr und sich an Grenzen herantasten. Was alles wichtig ist und von Kindern immer auch gesucht wird. Es hat also keinen Sinn, eine Umfeld ohne jede »Gefahr« und Spannung anzubieten. Kinder werden sich dann immer ihre Herausforderungen außerhalb der vorgegebenen behüteten Umgebung suchen. Kinder wollen sich die Welt einfach auch selbst erobern.

## Anregung

**Ein eigenes Baumhaus zu besitzen, ist wohl einer der Kinderträume schlechthin. Am schönsten sind solche, die sich tatsächlich in die luftigen Höhen der Krone eines alten Baumes erheben. Nur ein solcher kann auch ein Baumhaus und das dazugehörige Gekraxele tatsächlich stabil tragen. Da aber die wenigsten einen derartigen Baumriesen ihr Eigen nennen können, sind – bei jüngeren Bäumen – zusätzliche stützende Pfosten, die im Boden verankert sind, ein gutes Hilfsmittel, um den Traum dennoch wahr werden zu lassen.**

Spielen entführt aus der Welt des Alltags. Vielleicht nur für einen Moment, aber für einen sehr wichtigen. Für Kinder gilt das in jedem Fall. Für sie bedeutet Spielen auch lernen und ihre Umwelt begreifen. Sie sammeln Erfahrungen, können ihren Bewegungsdrang ausleben, erwerben sich dabei wichtige motorische, aber auch geistige und emotionale Fähigkeiten. Sie ahmen allein oder in Rollenspielen die Erwachsenenwelt nach, verarbeiten so Erlebtes und lernen dabei wichtige soziale Fähigkeiten. Sie setzen sich mit sich selbst ebenso auseinander wie mit der Welt, in der sie sich bewegen und sich zurechtfinden wollen und sollen.

Die Natur ist ein besonders schönes und wertvolles »Erfahrungsfeld der Sinne« für Kinder und Jugendliche. Die gebotenen Reize sind vielseitig und sprechen alle Sinne an. Sie ist damit eines der besten »Klassenzimmer« für die ganzheitliche Entwicklung von Heranwachsenden.

# Spielerische Garten-Eroberungen

RECHTS OBEN: Eine eigene kleine Villa Kunterbunt: ein wahr gewordener Kindheitstraum! Ein solch exklusives Kinder-Gartenhaus kann es in puncto Attraktivität ohne Weiteres mit einem Baumhaus aufnehmen. Auch wenn es auf dem Boden geblieben ist. Die Fassade aus wasserfestem Sperrholz ist von begeisterten Heimwerkern vergleichsweise schnell gebaut.

RECHTS UNTEN: Eine Veranda ist die ganz besondere Zugabe zum Kinderhaus und erweitert das Häuschen um ein Freiluftzimmer. Die Bastmatte ist, bei empfindlicher Kinderhaut sehr wichtig, guter Sonnenschutz und zaubert Urlaubsstimmung in die Kinderwelt.

LINKS: Der Garten muss für Kinder nicht nur der Ort lebhaften, bewegungsintensiven Spiels sein. Auch für die Kleinen ist er Ort für ruhige Stunden und Beschäftigungen. Also, warum nicht einmal die Übungsstunde für ein Instrument ins Freie verlegen? Sicher eine willkommene Abwechslung und für den einen oder anderen auch ein neuer Anreiz – inmitten der schönen Hintergrundmusik der Natur.

# Das Hobby ins Freie verlagern

UNTEN: Einer der großen Vorzüge eines eigenen Gartens ist, dass man hier ganz privaten Freiraum hat. Ein besonderer Vorteil, den ein öffentlicher Park auch in seinen schönsten Ecken nie bieten kann. Man kann hier einen Teil seinen privaten Lebens führen, ganz entspannt und unbeobachtet. Und seinen Hobbys frönen. Zum Beispiel einen Spielenachmittag auf der Terrasse ansetzen. Oder sich auch allein zurückziehen, konzentriert und ungestört.

OBEN LINKS: Für Modelleisenbahnen wird man, wie viele Anhänger dieser Leidenschaft beweisen, nie zu groß oder zu alt. Die kindliche Begeisterung kann hier oft ein Leben lang anhalten ...

RECHTS OBEN UND UNTEN: Mit Buchs und Berberitzen als Bonsais wandert die »echte« Gartenwelt in die Eisenbahnerlandschaft ein.

UNTEN: Die Natur ist ein einziges Kunstwerk. Und schon immer eine der größten Inspirationsquellen für Künstler, egal in welcher Ausdrucksform. Darum liegt es wohl auch nahe, sich zum künstlerischen Schaffen im Freien niederzulassen, so dass die Natur direkt spürbar und wirksam ist.

RECHTS UNTEN: Erinnerungen an Giverny. Die romantische Gartenszene lässt an Claude Monets berühmten Garten bei Vernon denken. Und verstehen, warum gerade im Freien die sich wandelnden Farbeindrücke unter wechselndem Licht so faszinieren, dass man sie unbedingt auf Leinwand bannen möchte.

*Die Natur ist doch das einzige Buch,*
*das auf allen Blättern großen Gehalt bietet.*

*(Johann Wolfgang von Goethe)*

# Manchmal soll der Weg steinig sein . . .

LINKS: Mosaikkunst ist nichts Ungewöhnliches im Freien. Die Verwendung der alten Handwerkstechnik für die schmuckvolle Ausgestaltung von Plätzen im Garten hat eine sehr lange Tradition. Und ist heute wieder hoch aktuell. Kein Wunder, erinnern die schönen, oft in kräftigen Farben schwelgenden Ergebnisse der mühevollen Handarbeit doch oft an Sonne, Süden und Urlaub.

LINKS UNTEN: Kunstvolle Steinverwendung einmal ganz anders. Landart im Kleinen, könnte man von der Kieselspirale wohl sagen. In der Natur gilt es, genau hinzusehen. Dann kann man das Kunstwerk in jedem Teil erkennen und zu einem solchen formieren. Um schließlich wieder an Respekt vor der Schönheit der Natur gewonnen zu haben.

## Anregung

**Mit Mosaiken zu arbeiten, ist ein schönes Hobby, aus dem ganz wunderbare, heitere Dekoartikel für Haus und Garten entstehen können. Wer sich an die Kleinarbeit heranwagen will, sollte sich nach möglichst vielseitigen und vielfarbigen »Rohstoffen« umsehen. In Bau- und Fliesenmärkten sowie bei Glasern kommt man preiswert, manchmal auch umsonst an Bruchmaterial, Restposten und Auslaufmodelle von Fliesen, Platten und buntem Glas.**

Mosaikarbeiten entstehen in einem sehr kreativen Prozess. Am Anfang steht die Form, die mit einem Muster überzogen werden soll. Das wiederum sich aus der gegebenen Form und den gewünschten Farben entwickelt. Dass diese im Freien ihre Leuchtkraft besonders darstellen können, ist nur einer der Gründe, warum das Arbeiten im Freien damit besonders schön ist.

Wasser ist und bleibt eine der größten Erlebnisquellen im Garten. Und einer der größten Wunschträume fast aller Gartenbesitzer. Kein Wunder, handelt es sich bei dem nassen Element doch auch um einen ganz besonderen Stoff, der praktisch all unsere Sinne anzusprechen vermag.

Schwimmteiche sind einer der ganz großen Gartentrends der vergangenen Jahre. Sie haben schließlich auch eine Menge zu bieten. In ihnen vereinigen sich die altbekannten Vorzüge des Elements Wasser, die in der Geschichte des Gartens schon seit Jahrtausenden geschätzt werden, mit dem Schwimmvergnügen eines Pools. Sie sind die einmalige Verbindung aus Natur- und Urlaubsgenüssen – und das ganz bequem im eigenen Garten, in angenehm weichem, von Chemikalien unbelastetem Badewasser.
Schwimmteiche sind immer zweigeteilt. Der so genannte Schwimmbereich ist poolartig aufgebaut und dem Vergnügen der Badebesucher vorbehalten. Im am Teichrand angeordneten flacheren Reinigungsbereich sorgen pflanzliche Reinigungsspezialisten für eine gute, saubere Wasserqualität.

# Eintauchen in Urlaubsgefühle

RECHTS OBEN: Wasser will immer erlebt werden und ein Badeteich gut erschlossen sein, damit man das kühle Nass bequem erreichen kann. Stege sind dabei ein klassisches Hilfsmittel, Holz wiederum der typische Baustoff. Bei der Wahl der Holzart ist unbedingt auf eine sehr gute Beständigkeit im Freien zu achten. Geriffelte Oberflächen von Brettern und Bohlen verleihen dem sonst schnell rutschigen Material ein gute Griffigkeit.

RECHTS UNTEN: Das Wasser in Schwimmteichen besitzt im Sommer eine sehr angenehme Temperatur, da es sich in den großzügig bemessenen, flachen Reinigungsbereichen aufwärmen kann.

LINKS: Die schönste Art von Schwimmteich ist freilich ein natürlicher See, der an das Grundstück heranreicht. Doch der ist seltenes und exklusives Luxusgut ganz weniger Gärten. Umso glücklicher kann sich schätzen, wer mit einer solchen Vorgabe gesegnet ist. Dann reicht eigentlich auch schon ein einfacher Steg – und das Sommervergnügen ist perfekt.

## Anregung

**Schwimmteiche gehören in Profihände. Sowohl was die Planung als auch was die Ausführung betrifft. Denn sie sind bei allem naturnahen Charakter technische Bauwerke, die funktionieren müssen. Schließlich will später niemand in einem Algentümpel baden gehen müssen. Schwimmteichbauer, die als Lizenznehmer von verschiedenen Systemanbietern mittlerweile in ganz Deutschland vertreten sind, können auf umfangreiches Know-how zurückgreifen und müssen vor allem auch Gewährleistung für den Teich übernehmen.**

*Die Weisen erfreuen sich am Wasser.* (Konfuzius)

Oben links: Ein Whirlpool unter freiem Himmel – da kommen wahre Luxusgefühle auf! Der klare Vorteil gegenüber einem Schwimmteich liegt in dem deutlich geringeren Platzanspruch. Und der längeren Nutzungsmöglichkeit. Schließlich kann hier das Wasser künstlich erwärmt werden.

Oben rechts: Bei solcher Ausführung wird das zunächst reine Nutzgerät Dusche zum Kunstwerk im Garten, das auch außerhalb der »Duschsaison« einen Blick wert ist. Die Farbe Blau stellt die Verbindung zum Thema Wasser her.

Rechts: Es geht auch etwas simpler. Ganz dezent und zurückhaltend und damit sehr passend in naturnah-ländlich gestalteter Umgebung. Und doch den gleichen Zweck erfüllend. Eine solche Gartendusche ist auch relativ einfach selbst gebaut.

Links: Gartenduschen sind für sich alleine eine herrliche Erfrischung an heißen Sommertagen. In Ergänzung zu einem Schwimmteich sind sie eine Steigerung des Badevergnügens im eigenen Garten. Exotik und damit noch mehr Urlaubsstimmung kommt mit der rahmenden Pflanzung aus Bambus auf, der zusätzlich guten Sichtschutz bietet.

# Sonnenbäder und Strandpartys

## Hinweis

Ob ein eher »hartes« Ufer mit Steg oder Deck den Schwimmbereich des Badeteichs begrenzt oder aber ein »Naturstrand«, ist nicht nur eine Frage des Geschmacks. Auch das vorhandene Platzangebot kann der limitierende Faktor sein. Denn flache Ufer brauchen einfach deutlich mehr Platz. Da sie für den Reinigungsbereich ohnehin schon sehr raumgreifend ausgeführt werden müssen, schließt der Schwimmbereich oft an einer Seite mit einer harten, Platz sparenden Kante ab.

GANZ LINKS: Vom Sonnendeck mit luxuriöser Dusche direkt ins erfrischende Nass: perfekter Badegenuss! Einen bequemen Einstieg ins Wasser gewährleistet eine Treppe, die in den Schwimmbereich führt.

LINKS: Weniger »gestaltet«, dafür sehr naturnah wirkt dieses Ufer eines Schwimmteichs. Mit kleinem Sandstrand und schmaler »Uferpromenade« sind deutliche Ähnlichkeiten mit einem natürlichen Teich gewollt und gelungen.

OBEN: Inseln wie diese sind noch eine Steigerung im Seepanorama und im Gartenerlebnis. Sie sind aber nur bei wirklich großen Wasserflächen schön und auch realisierbar.

Schwimmteiche faszinieren nicht nur deswegen, weil man hier direkt ins Wasser eintauchen kann. Sie fesseln auch wegen ihrer großen, ruhigen Wasserfläche, die sich vor dem Auge des Betrachters wie ein blanker Spiegel ausbreitet. Und in dem das Bild des Himmels und der umliegenden Gartenszenerie eingefangen wird.

Solche glatten, großen Wasserspiegel üben bekanntermaßen eine sehr beruhigende Wirkung auf die Psyche aus. Ihre statische Ruhe scheint sich direkt auf den Menschen zu übertragen. Das ist – neben dem einmaligen Naturgenuss, der am Wasser besonders reich und vielfältig ist – einer der Gründe, warum zu Wasser immer auch ein Sitzplatz gehört. Ob man den eher exklusiv für sich allein, fürs stille Genießen will oder aber um in einer Runde am Wasser feiern zu können, ist dabei eine individuelle Entscheidung. Im günstigsten Fall findet sich für beides Platz.

# WASSER – FREIZEITVERGNÜGEN PUR

Wasser ist und bleibt eines der begehrtesten Gestaltungselemente im Garten. Der faszinierende, flüssige Stoff trägt einfach eine ganz besondere Magie in sich. Wasser begeistert durch seinen Anblick, seine Geräusche, das Gefühl, das es beim Eintauchen auf der Haut hinterlässt, und nicht zuletzt durch seine eigene, besonders üppige Pflanzenwelt.

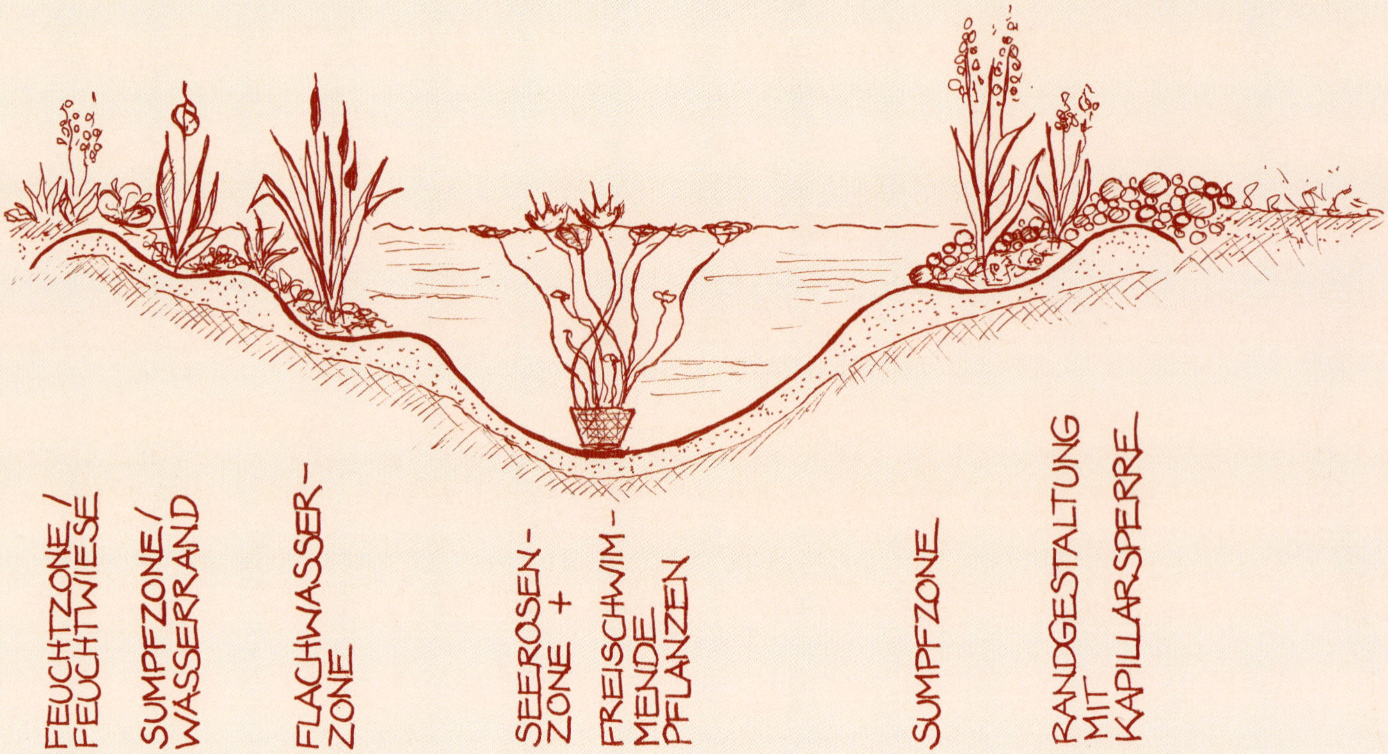


**Teichbau**

Naturnahe Teiche passen zu jedem Gartenstil. Bei ihrer Planung und dem Bau sind ein paar grundlegende Dinge zu beachten. Die Wasserfläche sollte im Minimum zwei Quadratmeter betragen, eine Mindestwassertiefe von 80 Zentimeter sollte gegeben sein, um Tieren das Überwintern zu ermöglichen. Schließlich wird am Teich das Zusammenspiel von Wasser, Pflanzen und Tieren angestrebt. Abgedichtet werden kann mit Ton, Folie (dem Klassiker), Beton oder mit Hilfe eines Fertigbeckens. Ausgehoben wird 10 bis 15 Zentimeter tiefer als der Wasserstand später sein soll. Diese Zulage wird benötigt, um eine Schutzlage aus Sand einbringen zu können. Zusammen mit einer zusätzlichen Vlieslage schützt er die Teichdichtung vor spitzen Steinen. Falls flächig Teichsubstrat aufgebracht werden soll, dürfen die Teichwände nicht steiler als 1:2 sein. Ansonsten, bei beengten Verhältnissen, schaffen Bermen und Pflanztaschen auf verschiedenen Ebenen die notwendigen Voraussetzungen für die Ansiedlung von Wasserpflanzen. Das Ufer kann entweder mit Feuchtzone ausgebildet werden (Skizze oben links), d.h. das angrenzende Erdreich zieht kontinuierlich Wasser aus dem Teich und ist entsprechend auch dauerhaft durchfeuchtet. Oder ein trockenes Ufer wird gewünscht bzw. der laufende Wasserverlust durch das saugende Erdreich soll unterbunden werden. Dann muss eine so genannte Kapillarsperre gebaut werden (Skizze oben rechts), bei der die Folie am Rand über die Linie des Wasserspiegels gezogen und anschließend nach unten umgeschlagen wird. Kapillarbrechende Schüttungen aus Kies oder Schotter verhindern, das Wasser in anschließende Vegetationsflächen gezogen wird.

**Pflanzen**

Der Lebensbereich Wasser gliedert sich in verschiedene Zonen oder Standorte, die jeweils von spezifischen Pflanzen besiedelt werden (siehe Skizze oben). Von der Feuchtzone, in der sich noch »Landstauden«, die aber frisches Substrat schätzen, ansiedeln, geht es über in den dauerhaft durchnässten Sumpf. Ihm schließt sich die Flachwasserzone an, deren Pflanzen sich – artspezifisch – bis zu einer Wassertiefe von 30 bis 60 Zentimeter vorwagen. Im tieferen und im freien Wasserkörper fühlen sich schließlich Schwimmblattpflanzen (Blätter schwimmen an der Wasseroberfläche) und Unterwasserpflanzen (Pflanze bleibt untergetaucht), die am Teichboden wurzeln, sowie frei schwimmende Pflanzen wohl. Teichsubstrat sollte immer nährstoffarm sein, da eine hohe Nährstoffdichte die Ursache vieler typischer Teichprobleme ist. Gut ist zum Beispiel eine Mischung aus Lehm und Kies. Pflanzzeit ist Mai. Um das oft üppige Wachstum von Wasserpflanzen zu begrenzen, haben sich Pflanzkörbe aus Kunststoff oder Kokos bewährt, die zudem die laufende Pflege und den Rückschnitt erleichtern.

## Schöne Blütenpflanzen in und am Wasser

| Botanischer Name | Deutscher Name | Blütezeit | Blütenfarbe | Lichtbedarf | Lebensbereich |
|---|---|---|---|---|---|
| *Alisma plantago-aquatica* | Froschlöffel | VI-VIII | weiß | sonnig bis halbschattig | Flachwasserzone |
| *Butomus umbellatus* | Blumenbinse | VI-VIII | rosa | sonnig bis halbschattig | Flachwasserzone |
| *Calla palustris* | Sumpfcalla | V-VI | weiß | sonnig bis halbschattig | Wasserrand |
| *Caltha palustris* | Sumpfdotterblume | III-IV | gelb | sonnig bis halbschattig | Feuchtzone, Sumpf |
| *Cardamine pratensis* | Wiesenschaumkraut | IV-VI | rosa, lila | halbschattig bis schattig | Feuchtzone |
| *Eupatorium*-Arten | Wasserdost | VII-VIII | rosa | sonnig bis schattig | Feuchtzone |
| *Filipendula ulmaria* | Mädesüß | VI-VIII | cremeweiß | sonnig bis halbschattig | Feuchtzone |
| *Frittilaria meleagris* | Schachbrettblume | IV-V | violett | halbschattig | Feuchtzone |
| *Geum rivale* | Bachnelkenwurz | IV-V | bräunlich | sonnig bis halbschattig | Feuchtzone |
| *Hemerocallis* in Arten | Taglilien | V-VIII | alle warmen Farben | sonnig bis halbschattig | Feuchtzone |
| *Iris pseudacorus* | Wasser-Schwertlilie | V-VIII | gelb | sonnig bis schattig | Wasserrand, Flachwasser |
| *Iris sibirica* | Wieseniris | V-VI | blau | sonnig bis halbschattig | Feuchtzone |
| *Leucojum vernum* | Märzenbecher | II-IV | weiß | halbschattig bis schattig | Feuchtzone |
| *Ligularia* in Arten und Sorten | Greiskraut | VI-IX | gelb, orange | sonnig bis halbschattig | Feuchtzone |
| *Lysimachia clethroides* | Schnee-Felberich | VII-VIII | weiß | sonnig bis halbschattig | Feuchtzone |
| *Lythrum salicaria* | Blutweiderich | VII-IX | violett | sonnig bis halbschattig | Feuchtzone |
| *Nuphar lutea* | Teichrose | VI-VIII | gelb | sonnig bis schattig | Seerosenzone |
| *Nymphaea alba* | Weiße Seerose | V-VIII | weiß | sonnig | Seerosenzone |
| *Nymphaea*-Hybriden | Seerosen-Hybriden | VI-IX | weiß, rosa, rot, gelb | sonnig | Seerosenzone |
| *Nymphoides peltata* | Seekanne | VII-VIII | gelb | sonnig bis halbschattig | Seerosenzone |
| *Pontederia cordata* | Hechtkraut | VI-VIII | blau | halbschattig bis schattig | Flachwasser |
| *Sagittaria sagittifolia* | Pfeilkraut | VI-VIII | weiß | sonnig | Flachwasser |
| *Tradescantia-Andersoniana*-Hybriden | Dreimasterblume | VI-VIII | blau, violett, weiß | sonnig | Feuchtzone |
| *Trollius europaeus* | Trollblume | IV-VI | gelb | sonnig bis halbschattig | Feuchtzone |
| *Veronica beccabunga* | Bachbunge | V-IX | blau | sonnig bis halbschattig | Wasserrand |
| *Veronica longifolia* | Kerzen-Ehrenpreis | VII-VIII | blau | sonnig | Feuchtzone |

# FARBEN UND IHRE WIRKUNG

Arbeitet man mit Farben, so kann man natürlich instinktiv vorgehen. Dann sollte man aber auch viel Farbgespür besitzen. Eine methodische, für jeden leicht anzuwendende Vorgehensweise ist das Arbeiten mit aus der Farblehre bekannten Kontrasten. Das »garantiert« ein wenig für den Erfolg.

Wird in den Farbkreis ein gleichseitiges Dreieck gelegt, egal in welcher Position, so werden an den Spitzen des Dreiecks kontrastreiche Dreierkombinationen aus Farben gebildet, die als harmonisch gelten. Der Primär-Farbdreiklang Gelb-Rot-Blau wird wegen der sehr klaren, kräftigen Farben von manchem als sehr hart empfunden. Seine »Verschiebung« in die Sekundärfarben Orange-Violett-Grün ist wesentlich weicher und damit auch gefälliger.

Monochrome Gärten sind derzeit sehr beliebt. Als großes Vorbild gilt der berühmte Weiße Garten von Sissinghurst. Monochrome Beete lassen sich über den Farbverlauf in einem Kreisviertel, z.B. von Gelb bis Orange, oder aber im Qualitätskontrast eines Farbtons erzeugen. Dann wird eine Farbe mit den »unfarbigen« Farben Weiß und Schwarz abgetönt.

Beonders lebhaft sind Kontraste aus unterschiedlich empfundenen Farben, aus kalten und warmen, wie etwa der Kontrast zwischen Blau und Rot. Daraus lassen sich sehr räumliche Situationen schaffen, indem man gezielt mit der Wirkung kalter Farben arbeitet, Dinge in die Ferne zu rücken und ihnen eine gewisse Unschärfe zu geben. Und im Gegensatz dazu mit der Eigenschaft warmer Farben, die Dinge scheinbar ganz nah heranzuholen und ihnen einen starke Dominanz und Präsenz zu verleihen.

Ist ein Kontrast doch ein wenig zu hart und dramatisch, so kann mit Grün, Weiß, Creme und Grau ganz einfach dazwischengepflanzt und optisch getrennt und neutralisiert werden.

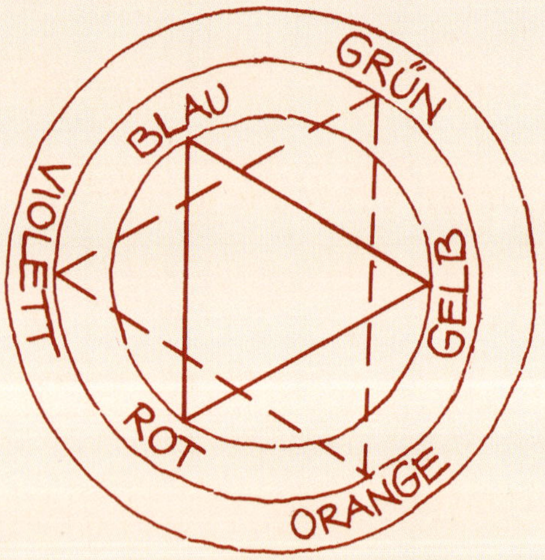


Farblehren gibt es verschiedene. Eine der geläufigsten Betrachtungsweisen ist die des Farbkreises. Dabei nehmen zunächst die drei Grundfarben Gelb, Rot und Blau jeweils ein Drittel des Kreises ein. Aus diesen drei Grundfarben werden alle anderen Farben gemischt. So ergeben sich aus der Mischung der jeweils nebeneinander liegenden Primärfarben die so genannten Sekundärfarben Orange, Violett und Grün. Der Farbkreis lässt sich darüber hinaus halbieren in kalte und warme Farben, wobei Gelb, Orange und Rot warme Farben, Grün, Blau und Violett dagegen kalte Farben sind.

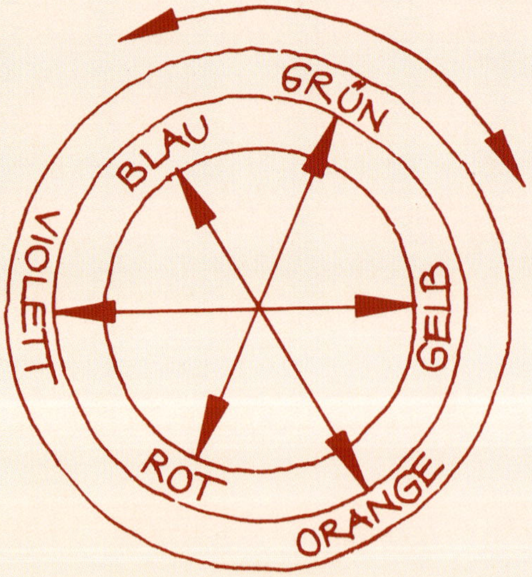


Wer mit Farben arbeiten will, zum Beispiel in Pflanzungen, hat – auf Basis des Farbkreises – noch eine ganze Palette weiterer Möglichkeiten, mit angenehmen Kontrasten zu arbeiten. Gelungene Farbzweiklänge lassen sich mit Farben erzeugen, die sich im Farbkreis genau gegenüberliegen und damit am weitesten voneinander entfernt sind. Man spricht dann von Komplementärkontrasten. Die ergeben sich zum Beispiel aus Grün-Rot, Gelb-Violett und Blau-Orange. Allein mit einem solchen Kontrast lassen sich herrliche Pflanzungen planen.

## Farbbeispiele bei Stauden

### Gelb

| Botanischer Name | Deutscher Name | Blütezeit |
|---|---|---|
| *Caltha palustris* | Sumpfdotterblume | III-IV |
| *Doronicum caucasicum* | Gemswurz | IV-V |
| *Helenium*-Hybriden | Sonnenbraut | VIII-IX |
| *Helianthus decapetalus* | Sonnenblume | VIII-IX |
| *Heliopsis scabra* | Sonnenauge | VII-IX |
| *Hemerocallis flava* | Taglilie | V-VI |
| *Hypericum calycinum* | Johanniskraut | VII-IX |
| *Inula magnifica* | Alant | VII-VIII |
| *Iris pseudacorus* | Sumpfschwertlilie | VI |
| *Ligularia przewalskii* | Kreuzkraut | VIII-IX |
| *Oenothera missouriensis* | Nachtkerze | VI-IX |
| *Phlomis samia* | Brandkraut | VI-VII |
| *Primula-Elatior*-Hybriden | Schlüsselblume | IV-V |

### Rot und Orange

| Botanischer Name | Deutscher Name | Blütezeit |
|---|---|---|
| *Dendranthema-Grandiflorum*-Hybride | Chrysantheme | VIII-X |
| *Euphorbia griffithii* 'Fireglow' | Wolfsmilch | V-VII |
| *Gaillardia*-Hybride 'Kobold' | Kokardenblume | VI-IX |
| *Geum coccineum* | Nelkenwurz | V-VII |
| *Helenium*-Hybride 'Moerheim Beauty' | Sonnenbraut | VII-VIII |
| *Helianthemum*-Hybriden | Sonnenröschen | V-IX |
| *Hemerocallis*-Hybriden | Taglilie | VI-IX |
| *Heuchera*-Hybride 'Red Spangles' | Purpurglöckchen | V-VII |
| *Kniphofia*-Hybriden | Fackellilie | VII-IX |
| *Ligularia dentata* | Kreuzkraut | VIII-IX |
| *Lychnis chalcedonica* | Brennende Liebe | VI-VII |
| *Monarda*-Hybriden | Indianernesseln | VII-IX |
| *Papaver orientale* | Türkischer Mohn | V-VI |

### Blau und Violett

| Botanischer Name | Deutscher Name | Blütezeit |
|---|---|---|
| *Allium aflatunense* | Iran-Lauch | V-VI |
| *Aquilegia vulgaris* | Akelei | V-VI |
| *Aster amellus* »Breslau« | Berg-Aster | VII-IX |
| *Aster novi-belgii* »Dauerblau« | Glattblatt-Aster | IX-X |
| *Brunnera macrophylla* | Kaukasus-Vergissmeinnicht | IV-V |
| *Campanula glomerata* | Knäuel-Glockenblume | VI-VII |
| *Delphinium*-Hybride | Rittersporn | VI-IX |
| *Echinops bannaticus* | Kugeldistel | VI-IX |
| *Geranium pratense* | Wiesen-Storchschnabel | VI-IX |
| *Geranium x magnificum* | Pracht-Storchschnabel | VI-VII |
| *Iris sibirica* | Sibirische Wieseniris | VI |
| *Lavandula officinalis* | Lavendel | VI-VII |
| *Salvia nemorosa* | Salbei | VI-VII/IX |

### Rosa und Karmin

| Botanischer Name | Deutscher Name | Blütezeit |
|---|---|---|
| *Anemone-Japonica*-Hybr. | Herbst-Anemone | VIII-X |
| *Aster amellus* 'Lady Hindlip' | Berg-Aster | VIII-IX |
| *Aster novi-belgii* 'Patricia Ballard' | Glattblatt-Aster | IX-X |
| *Astilbe-Japonica*-Hybr. 'Europa' | Astilbe | VII-VIII |
| *Centranthus ruber* | Spornblume | VI-VII/VIII-IX |
| *Chrysanthemum coccineum* | Bunte Margerite | V-VII |
| *Dicentra spectabilis* | Tränendes Herz | V-VI |
| *Echinacea purpurea* | Purpur-Sonnenhut | VII-IX |
| *Eupatorium fistulosum* 'Atropurpureum' | Purpurdost | VIII-X |
| *Filipendula palmata* | Rosa Mädesüß | VI-VII |
| *Geranium endressii* | Pyrenäen-Storchschnabel | VI-IX |
| *Paeonia lactiflora* | Pfingsrose | V-VI |
| *Phlox paniculata* | Hoher Phlox | VI-IX |

# staun

# NATUR ERLEBEN

Der Garten hat eines jedem Wohnraum weit voraus. In ihm können wir Natur direkt erleben. Die Sehnsucht nach Natur ist schließlich ein Urbedürfnis des Menschen. In der heutigen Zeit, in der wir uns scheinbar immer weiter von ihr entfremden, umso mehr. Die Natur hat uns eine Vielfalt zu bieten, die wir uns künstlich nie schaffen könnten und die keine Nachahmung findet. Sie ist voller Leben und wirkt wie kaum etwas anderes belebend auf all unsere Sinne.

# EINTAUCHEN IN EINE BEKANNTE WELT

Kaum ein Ort wirkt beruhigender auf unsere Seele und unseren Geist als die Natur. In ihr können wir uns wieder »erden« und zu uns selber finden. Sie macht uns auf ganz selbstverständliche Weise klar, dass wir Teil des großen Ganzen in der Natur sind. Und dass so manches, das wir vorher sehr hoch bewertet haben, diesen Stellenwert oft nicht verdient. In der Natur finden wir Gelassenheit und Ausgeglichenheit. Aber auch eine ungeheure Fülle an Inspiration, Belebung und Erfrischung. Und doch bleibt sie immer ganz vertraut.

Die Natur funktioniert in Kreisläufen, in die wir eingebunden sind und die wir in der Beobachtung erfahren können. Das Werden und Vergehen, das Entstehen von Neuem, das Reifen und der anschließende langsame Abbau und Zerfall sind das Symbol schlechthin für den einen großen Kreislauf der Dinge, in den auch wir und alles, was uns umgibt, eingebunden sind.

Bei Natur denken viele zuerst an all die Pflanzen und Tiere, die es zu beobachten und zu bestaunen gilt. Aber Natur heißt auch Wetter erleben. Und den faszinierenden Wechsel von Wetter und die dazu gehörigen Stimmungswechsel. Die wärmenden Strahlen der Sonne auf der Haut spüren, deren Wohltat bei nur einem Schritt hinein in den Schatten so deutlich bewusst wird. Wind und Frösteln und Kälte wahrnehmen, die die Haut zu einer Maske erstarren lassen können. Die Haut vom Regen berühren lassen und den Unterschied seines zarten oder aber auch hämmernd prasselnden Anklopfens gegenüber dem sanften Hauchen des Nieselns oder Nebels erkennen. Sich über das Kitzeln des ersten Schnees freuen oder die kühle Glätte von Eis zu fühlen. Wer es wirklich zulässt, diese Erfahrungen ganz bewusst zu erleben, wird erstaunt sein, dass jedes Wetter auch seine eigene Klangwelt hat. Der klare Hall eines sonnigen, windstillen Tages etwa ist kein Vergleich zur gedämpften, ein wenig unheimlichen Geräuschkulisse im Nebel. Das Prasseln von Graupeln oder heftigem Regen ist ein ganz anderes Erlebnis als der scheinbar lautlose Fall von Schnee oder Nieselregen. Der Wind schließlich spricht ohnehin eine eigene Sprache, vom angenehm zarten Flüstern übers Säuseln bis zum Rauschen und heftigsten, beängstigenden Tosen.

# Im Garten den Jahreszeiten begegnen

Oben links: Neben der Frühlingssonne sind es ohne Zweifel die ersten Blüten dieser Jahreszeit, die uns in Hochstimmung zu versetzen scheinen. Erst die vielen kleinen Zwiebelpflanzen, die in hordenartigen Kolonien über Rasen und Wiesen marschieren. Später dann die Blütenwolken vieler Bäume und Sträucher, von denen die Obstbaumblüte ein besonderer Höhepunkt ist.

Rechte Seite links: Prächtig gefärbtes Laub ist ein Kennzeichen des Herbstes. Mit warmen Farben von Gelb über Orange zu Rot und Magenta tröstet es uns über seinen Abschied und den des Sommers hinweg. Sein Tanz durch den Garten an windigen Herbsttagen ist ein heiteres Schauspiel.

Oben rechts: Im Sommer entfacht sich in den Beeten ein Farbfeuerwerk aus Stauden und Sommerblumen. Saatgutmischungen aus einjährigen Sommerblumen – hier mit leuchtend rotem Mohn – zaubern ein prächtiges Bild für eine Saison. Die mehrjährigen Stauden dagegen werden zu vergleichsweise konstanten Begleitern durch die Jahre hindurch.

Ganz rechts: Immergrüne bringen den Garten gut über den Winter. Ihrem Laubkleid können Frost und Kälte scheinbar nichts anhaben. Der Buchs ist ein absoluter Klassiker unter den immergrünen Gehölzen. Er macht sowohl frei wachsend als Naturschönheit wie auch streng mit der Schere in Form gebracht immer eine gute Figur.

Die Jahreszeiten mit ihren immer wiederkehrenden Farben, Geräuschen und Gerüchen bringen zugleich Spannung durch den Wechsel als auch das beruhigende Gefühl, dass vieles nicht endgültig ist, sondern auch in gleicher Fülle zurückkehren kann. Der Frühling ist die Zeit des Neuanfangs und des Überschwangs, in der alles in ungeheurer Aufbruchsstimmung zu vibrieren scheint. Das Leben und die wärmeren Temperaturen kehren nach der scheinbaren Starre des Winters wieder zurück, erfüllen alle Ecken des Gartens und reißen damit auch uns mit hinein in den Frühlingstaumel. Das Licht gewinnt allmählich wieder überhand gegenüber den dunklen Stunden des Winters. Der Sommer ist die Zeit des entspannten Reifens und der Sonne, der warmen Farben und Temperaturen. Alles ist in Feierlaune und das Leben im Garten auf seinem Höhepunkt. Der Herbst läutet schließlich langsam den Abschied vom Leben im Freien ein. Dafür belohnt er aber mit herrlichen Früchten und fantastisch gefärbtem Laub. Die Tage werden kühler und trüber und gehen schließlich fließend über in die ruhigen und dunkleren, zurückgezogenen Zeiten des Winters, in denen alles vom unwirtlichen Frost gelähmt zu sein scheint.

*Blumen sind die Hieroglyphen der Natur,*
*mit denen sie uns andeutet, wie lieb sie uns hat*

(Johann Wolfgang von Goethe)

Linke Seite: Ein Garten ohne blühende Pflanzen wird nur in seltenen Fällen gewünscht. Für die meisten ist ein Garten ein Ort von Blüte, Farbe und Duft. Am besten von Frühjahr bis Herbst, im günstigsten Fall auch noch mit ein paar »Ausreißern« im Winter. Blumen sprechen mit ihren Farben direkt auf der Gefühlsebene an. Hier (im Uhrzeigersinn) Pfingstrose, Tulpe und Wolfsmilch, Sonnenhut und – noch einmal in Nahaufnahme – die Wolfsmilch mit ihrem ganz spezifischen Gelbgrün. Alle tragen kräftige Farben aus dem warmen Spektrum, die sehr lebendig und anregend wirken.

Oben und unten: Rosa, Weiß und Hellblau dagegen sind Farben der Romantik. Hier belegen Rosen, Sommermargeriten, Hortensie und Clematis die heitere und lichte Anmut dieser Farben. Und die Bilder zeigen, dass in Blumenrabatten als Gerüstbildner, aber auch Farbträger gerne auch Gehölze wie hier Rose und Hortensie gepflanzt werden sollten. Sie geben dem Beet auch dann Struktur, wenn Prachtstauden verblüht und zurückgeschnitten sind und damit oft einen eher etwas traurigen Anblick hinterlassen.

Es ist schon richtig, dass sehr viele Stauden mit ihren Blüten betören und um derentwillen in Erinnerung bleiben. Aber ehrlicherweise muss man dann auch erwähnen: Nach dem großen Blütenrausch ist es mit der Schönheit leider schnell vorbei. In einer gut geplanten Rabatte ist das meist nicht weiter tragisch. Dort löst eine Staude die andere in der Blüte ab und kaschiert damit diesen Schönheitsfehler und vielleicht auch die eine oder andere Lücke, die sich durch den Rückschnitt der nun unansehnlichen Stängel ergibt.
Manchmal soll vielleicht aber gar nicht die Blüte im Vordergrund stehen. Gerade in Halbschatten und Schatten sind eher Blatt und Grün die Meister der Gestaltung. Blattschmuckstauden sind kein Highlight für den Augenblick, sondern dauerhafte Blickfänge für die gesamte Gartensaison.

OBEN: Der Frauenmantel *(Alchemilla mollis)* überzeugt sowohl mit Blatt- als auch Blütenschmuck. Der kehrt übrigens nach dem Rückschnitt der ersten Blüte ein zweites Mal wieder.

UNTEN: Blattschmuck pur sind die riesenhaften Blätter von Stauden wie Schildblatt *(Darmera peltata)* oder Tafelblatt *(Astilboides tabularis)*.

OBEN: Farne sind die Könige des Schattenreichs. Ihre filigranen Wedel sind auch ein hervorragender Kontrast zu allen anderen Blattformen.

UNTEN: Die große Vielfalt der Blattfarben, -formen und -größen der Funkien *(Hosta)* faszinieren manche Pflanzenliebhaber so sehr, dass sie zu Sammlern geworden sind.

# ... manchmal genügt Grün allein!

Auch in der prallen Sonne und bei den Steinanlagen gibt es Blattschmuck-Schönheiten. Dann sind sie in der Regel dickfleischig wie die hübschen Rosetten der genügsamen Hauswurz.

# Bäume bringen wachsenden Erfolg

Rechts oben: Die Wirkung von Bäumen setzt sich zusammen aus ihrer Größe, ihrem Umfang, ihrer typischen Wuchsform, der Form, Struktur und Farbe der Rinde und natürlich den Blättern. Birken sind Lichtgestalten unter den Bäumen. Nicht nur wegen ihrer hellen Rinde, sondern auch wegen ihres lockeren Aufbaus und des scheinbar ständig in Bewegung versetzten Laubes.

Rechts Mitte: Bäume erzählen uns mit ihrer Wuchsform, Verdrehungen, zurückliegenden, noch sichtbar nachvollziehbaren Verletzungen, mit Moos- und Flechtenbesatz ihre Geschichte. Und ihre Rinde, die bei den meisten Arten mit dem Alter immer borkiger und furchiger wird, reizt mit jeder Falte mehr, sie zu berühren und zu erkunden.

Rechts unten: Eigenwillige Baumwesen mit verdrehten, schief wüchsigen Stämmen besitzen Solitärwirkung im Garten. Die kommt dann am besten zur Geltung, wenn die knorrige Gestalt frei steht und gut sichtbar ist.

Links: Bäume haben Charakter und tragen ihn stolz und weithin sichtbar zur Schau. Dieses Recht steht ihnen auch zu. Schließlich sind sie die größten und auch ältesten unter den Pflanzen des Gartens. Oder genauer gesagt die, die auch am ältesten werden können und damit die Geschichte eines Gartens – je nach Art – durchaus mehrere Jahrhunderte begleiten können. Sein Aussehen und seine Wirkung bestimmen sie in jedem Fall maßgeblich.

# Das Paradies mit Tieren teilen

LINKS OBEN: Katzen sind echte Sonnenanbeter und lieben die Wärme. Stubentiger schätzen eigentlich immer Freigänge im Garten. Wenn die Sonne scheint, natürlich umso mehr. Dann wird das sonnigste Eck okkupiert als Sonnenbank, Spiel- und Schlafplatz.

LINKS: So bekommt die Vogeltränke eine Doppelfunktion! Wer allerdings will, dass sich an der Tränke tatsächlich auch die gefiederten Freunde einstellen und diese dort auch unbehelligt bleiben, gleichzeitig aber Besitzer von Katze oder Hund ist, muss für die Trink- und Badestelle wohl oder übel einen »haustiersicheren« Standort im Garten finden.

RECHTS: Katzenluxus, der schon fast dekadent wirkt! Ein eigenes Katzenlager mit Wildkatzen-Polstern: Da könnte schon der eine oder andere Mensch neidisch werden bei so viel individuell zugeschneidertem Überfluss ...

# Dauergäste und Stippvisiten

Oben links: Der Garten ist immer auch ein Platz für Besucher aus der heimischen Fauna. Über die sich der Gartenbesitzer besonders freut, zeigen sie ihm doch, dass er ihnen gute Bedingungen geschaffen hat. Zum Beobachten gibt es dann natürlich zu seiner Freude auch wieder mehr …

Oben rechts: Gerade in Teiche wollen viele Gartenbesitzer gerne selbst Tiere einsetzen. Meist Fische, der eine oder andere aber auch Wasservögel. Bei allen Arten von Getier ist hier aber immer zu bedenken, dass dieses zu einer starken Nährstoffanreicherung im Wasser und damit zu Problemen mit Algen und der Wasserqualität führen wird.

Rechts: Vögel sind die beliebtesten und bezauberndsten Geschöpfe, die man versucht, in den Garten zu locken. Während mit Futter als Lockmittel immer etwas Vorsicht geboten sein sollte, ist gegen ein Vogelbad und eine Vogeltränke absolut nichts einzuwenden. Eine Zierde für den Garten sind die attraktiven Schalen zudem.

Links: Wohin könnte sie wohl besser passen, die Taube, das Symbol des Friedens, als in die entspannte Atmosphäre eines solchen Gartenparadieses? Besonders schön ist es dabei für Tier wie auch Halter, wenn dann noch ein traditionelles Taubenhaus im Garten zur Verfügung steht.

Wer der Natur und dem Wildwuchs in seinem Garten ein wenig Platz einräumt, wird mit besonders vielfältigen Eindrücken belohnt. Die Pflanzungen entwickeln sich in einer eigenen Dynamik. Und je naturnaher, desto mehr Gäste aus der Natur werden sich auch einstellen, bei Tieren wie auch Pflanzen.

# Natur und Architektur im Einklang

LINKS: Wenn Haus und Garten, Innen und Außen sich zu einer Einheit verbinden, ist ein wirklicher Glücksfall gelungen. Eigentlich sollte dies immer Ziel der Planung sein, bei Gebäude wie auch Garten, da schließlich beide nur Gewinn daraus ziehen. Aber allzu oft wird dieser Aspekt leider gar nicht oder erst zu spät berücksichtigt.

RECHTS: Ein ländlicher Garten mit naturnahem Charakter zu einem Fachwerkhaus – das passt gefühlsmäßig einfach zueinander.

## Anregung

**Vom Inneren eines Gebäudes betrachtet sind große Glasflächen immer ein gutes Mittel, Natur und Garten ein wenig mit ins Haus holen. Wenn auf der Terrasse und im Garten ähnliche Materialien und Farben verwendet werden wie innen, entsteht ein großzügiger Eindruck. Haus und Garten wirken wie zusammengewachsen. Von außen betrachtet gilt Ähnliches. Die Formensprache, der Stil und die Proportionen der Fassade sollten sich im Freiraum widerspiegeln.**

LINKS: Schöne Ausblicke, die von wichtigen Räumen des Hauses fokussiert werden, sind eine dauerhafte Bereicherung. Wenn solche schon vorgegeben sind wie etwa durch natürliche Blickpunkte, dann müssen diese unbedingt durch ein Fenster gerahmt werden. Ansonsten können sie im neu zu erschaffenden Garten gezielt gesetzt werden. Wintergärten und andere großflächige Verglasungen bieten immer einen perfekten Panoramablick auf Sehenswertes im Freiraum.

RECHTS: Grüne Eroberung. Fassadenbegrünungen sind gute Vermittler zwischen Natur und Gebautem. Sie schaffen optisch einen fließenden Übergang und brechen harte Kanten. Gleichzeitig sind sie aber auch praktische Schutzhülle für das Gebäude, die Witterungseinflüsse auf die Fassade mindert und wie eine Wärmedämmung wirkt.

# Raum für die Natur lassen

RECHTS OBEN: Vogeltränken werden nicht nur von Vögeln gerne besucht. Auch Kleinsäuger, Insekten und Reptilien werden das Angebot, wenn sie geschützt genug gelegen sind, gerne wahrnehmen.

RECHTS UNTEN: Das Tor zu einer verwunschenen Gartenwelt. Gerade alte Baustoffe oder solche, die etwas rustikaler wirken, fügen sich in naturnaher Umgebung besonders gut ein.

LINKE SEITE:
OBEN LINKS: Wer heimische Tierwelt in seinem Garten erleben will, kann dem relativ einfach etwas auf die Sprünge helfen. Tagfalter etwa suchen auf vielen Blütenpflanzen nach Nektar. Bewährte Schmetterlingsweiden sind Buddleia, Primeln, Fetthenne, Blaukissen, Silberblatt, Leberbalsam, Phlox, Edel- und Kugeldisteln oder Goldlack, um nur einige wenige zu nennen.

OBEN MITTE: Holzstapel sind wertvolle Biotope für eine Vielzahl von Tieren, die hier Unterschlupf, einen Brutplatz oder ihre Nahrungsquelle finden.

OBEN RECHTS: Das Zulassen von Spontanbegrünung schafft nicht nur die Voraussetzung für die Ansiedlung der einen oder anderen Pflanzen- oder Tierart. Es entstehen so auch Gartenbereiche mit einer ganz eigenen Ästhetik des Ungeordneten.

UNTEN LINKS: Trockenmauern bieten in ihren zahlreichen Ritzen und Spalten ein Dorado für auf solche steinigen und trockenen Lebensräume spezialisierten Pflanzen und Tiere.

UNTEN MITTE: Standortspezialisten für Steinanlagen wie Fetthenne, Mauerpfeffer oder verschiedene Glockenblumenarten begnügen sich nicht nur mit dem mageren Angebot in solchen Steinritzen. Sie sehnen sich sogar nach solcher Askese.

UNTEN RECHTS: Weniger gestalten, dem Zufall etwas mehr Spielraum überlassen und sich dann ein wenig überraschen lassen, heißt das Motto im naturnahen Garten.

## Anregung

**Naturnahes Gärtnern ist oft eine Mischung aus Zulassen, bewusstem Gestalten und zurückhaltendem Eingreifen in die Prozesse des Gartens. Was entsteht und in den Garten gelockt wird, kann auch gar nicht gezielt geplant werden. Es gilt vielmehr Angebote zu schaffen, mit einem möglichst reich strukturierten Garten mit vielfältigen Lebensraumtypen. Dann werden sich im Laufe der Zeit von selbst viel Gäste aus der heimischen Flora und Fauna einstellen.**

# GÄRTEN – NACHHALTIG PFLEGEN

**Naturnahes Gärtnern**

Gärten sind zwar in erster Linie für den Menschen da, für seine Erholung und zu seiner Freude. Nicht zu unterschätzen ist aber auch die ökologische Bedeutung von Gärten, die in Benachbarung doch sehr große zusammenhängende Grünflächen ergeben können. Zwar getrennt durch Hecken, Zäune und Mauern, im günstigsten Fall aber doch durchgängig für viele Tiere. Die Pflanzen und ihre Samen stören solche Grenzen ohnehin herzlich wenig. Natur, heimische Flora und Fauna wird sich also immer in mehr oder minder starker Form im Garten ansiedeln. Sie auch zu belassen, ist schon ein Teil von naturnahem Gärtnern. Ihnen auch aktiv Bedingungen zu schaffen, unter denen sie sich wohl fühlen und bleiben wollen, geht schon einen – guten – Schritt weiter. Das umfasst einerseits die Schaffung von Lebensräumen für auf bestimmte Standorte spezialisierte Pflanzen und Tiere. Genauso aber die Art des Gärtnerns, die Beachtung der natürlichen Ressourcen, mit denen im Garten ganz selbstverständlich umgegangen wird.

Die Natur bewegt sich in Kreisläufen. Im Garten sollte man sich diese Kreisläufe bewusst machen und sich bei der Gartenarbeit in sie einordnen.

**Wasserkreislauf**

Niederschläge werden idealerweise an dem Ort dem Boden zugeführt, an dem sie aufgetreten sind. Leider wurde dieses Grundprinzip allzu lange missachtet. Wasser wurde als lästig empfunden, in der Kanalisation erfasst und schließlich dem Vorfluter zugeführt. Die großen Folgen der Summe der vielen kleinen Fehler sind hinlänglich bekannt. Wasser muss nicht »entsorgt« und vom Grundstück entfernt werden. Im Gegenteil, es ist ein wertvoller Stoff, der im Garten gebraucht wird. Dachwasser kann in Zisternen gefasst werden und zur Gartenbewässerung beitragen. Oder man nutzt es für die Speisung eines Teiches im Garten. Der wiederum wertvoller Lebensraum für viele heimische Tier- und Pflanzenarten ist. Sickermulden, z.B. an der Grundstücksgrenze, die wechselfeucht sind und damit wieder ganz eigene Lebensraumqualitäten bieten, sind eine weitere Möglichkeit, einen naturnahen Weg im Umgang mit Oberflächenwasser zu wählen. Das bietet sich besonders dann an, wenn ein Versickern an Ort und Stelle nicht möglich ist oder der Boden aufgrund seiner Beschaffenheit dies kaum zulässt.

Mit Wasser im Freiraum umgehen heißt, unnötigen Abfluss von Oberflächenwasser von vornherein auszuschließen. Versiegelung vermeiden ist hier das Schlagwort, das bedeutet nur die Flächen auch tatsächlich zu befestigen, die wirklich gebraucht werden.

**Stoffkreisläufe**

Alle Stoffe in der Natur bewegen sich in Kreisläufen. Im Garten sollte man eine kleine Kreislaufwirtschaft anstreben. Die Pflanzen holen sich dabei aus dem Boden die Nährstoffe, die er in Form von Kompost, verrotteten Pflanzen- und Ernterückständen und Gründüngung enthält. Diese organischen Materialien dienen zunächst der Bodengesundheit und schließlich der Ernährung der Pflanzen. Die im Boden lebenden, zahllosen Organismen sind auf die Stoffzufuhr angewiesen. Und sie sind es, die diese zersetzen und die Nährstoffe damit pflanzenverfügbar machen.

**Kompost**

Für den Aufbau eines Komposthaufens gelten ein paar Regeln. Zunächst sollte ein geschützter, schattiger Platz gesucht werden. Den Komposthaufen direkt auf dem Boden und nicht auf Platten oder Pflaster aufsetzen, damit ein Austausch mit den Bodenlebewesen möglich ist. Die unterste Schicht des Haufens besteht immer aus grobem Material wie zerkleinerten Zweigen oder groben Staudenstängeln. Darüber wechseln sich Schichten unterschiedlicher Struktur ab. Das Mischen der Materialien ist Voraussetzung für einen gut funktionierenden Komposthaufen. Feuchtes Material wird mit trockenem, grob strukturiertes mit feinem, stickstoffarmes mit stickstoffreichem gemischt. Die so entstehenden einzelnen Schichten sollten 20 bis 30 Zentimeter hoch sein. Auf jede Schicht wird dünn Gartenerde, Rindenhumus, Kompoststarter, Kalk, Gesteinsmehl oder organischer Stickstoffdünger ausgebracht, um den Kompost mit den für die Rotte so wichtigen Mikroorganismen zu »impfen«. Sind Schichten zu trocken, werden sie mit abgestandenem, warmem Wasser gegossen. Um den Haufen vor Austrocknung zu schützen, wird ein schützender Mantel aus Gras, Stroh, Laub oder Pflanzenteilen darauf gelegt. Umgesetzt werden muss der Kompost, wenn er zu trocken oder zu feucht ist. Ansonsten kann er ruhen. So kann nach drei bis vier Monaten Frischkompost und nach etwa einem Jahr Reifekompost entnommen werden, der auch für empfindlichere Pflanzen gut verträglich ist.

**Gründüngung**

Eine gute Möglichkeit, dem Boden organisches Material zuzuführen, ist die Ansaat von Gründüngungspflanzen. Gerade bei Neuanlagen sind sie ein gutes Mittel für die Bodenverbesserung, da sie auch Bodenverdichtungen aufbrechen können, die das Pflanzenwachstum wegen des damit gestörten Luft- und Wasserhaushalts ganz gewaltig hemmen. Vor allem aber dienen sie der Humusbildung und der Verbesserung des Bodenlebens.

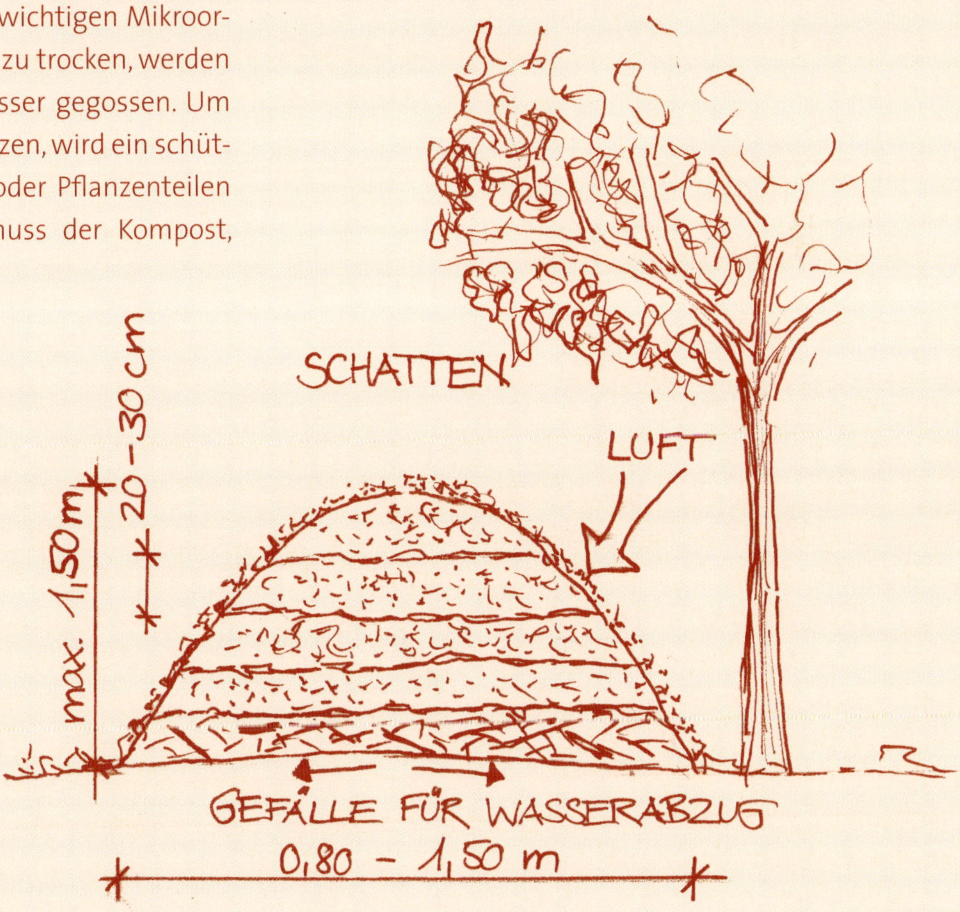


Ein Komposthaufen gehört wegen des Kreislaufdenkens in jeden Garten und nicht nur in solche mit Gemüsebeeten. Kompost ist wichtiges Bodenverbesserungsmittel und Dünger für alle Arten von Grünflächen.

# LEBENSRAUM FÜR TIERE

## ANGEBOTE SCHAFFEN FÜR DIE HEIMISCHE FAUNA

Ein Garten ist voller Leben. Dem der Pflanzen ganz selbstverständlich. Aber er ist auch Lebensraum zahlreicher Tiere der heimischen Fauna. Sie siedeln sich ganz von alleine an. Ob sie bleiben oder zu konstanten Besuchern werden, hängt davon ab, ob sie die für sie passenden Lebensraumtypen finden. Sind diese gegeben, so kann der Garten durchaus zur Nische für die eine oder andere Art werden. Vorausgesetzt der Standort ist einigermaßen ungestört und nicht permanent unter menschlichem Einfluss.

**Trockenmauern**

Im Garten ist das Gelände nie völlig eben. Manchmal sind sogar sehr große Höhenunterschiede zu überwinden. Eine der schönsten Art, diese abzufangen, sind Trockenmauern. Die unter ökologischen Aspekten wertvollste sind sie allemal. In ihren Fugen siedeln sich Pflanzen, Reptilien und Insekten an, die auf den steinigen Standort spezialisiert sind.

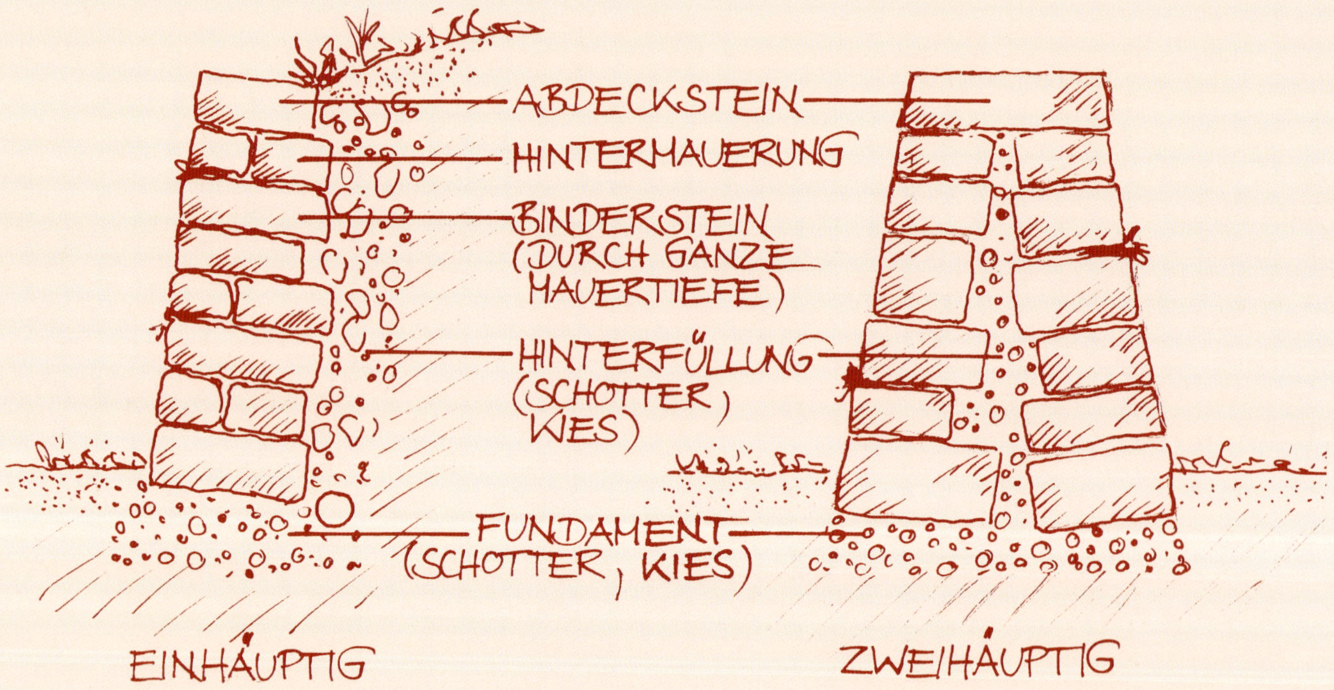


**Mauerbau**

Trockenmauern werden trocken versetzt, das heißt ohne Mörtel aufgeschichtet. Die Steine werden immer liegend, niemals hochkant eingebaut. Sie werden mit leichter Neigung nach hinten, dem so genannten Anlauf, der 10 bis 25% der Mauerhöhe betragen sollte, gebaut. Ein Fundament aus Schotter oder Kies, das über das verdichtete Erdreich geschüttet und selbst wieder verdichtet wird, dient als stabiler Untergrund und Frostschutzschicht. Die Hinterfüllung aus Bruchsteinen, die beim Mauerbau anfallen, und Schotter oder Kies puffert den Hangdruck sowie drückendes Wasser ab und hat dränierende Wirkung. Bei stark bindigen Böden ist ein zusätzliches Dränagerohr am Mauerfuß sinnvoll.
So genannte Bindersteine werden quer zur Ansichtsfläche eingebaut und führen durch die gesamte Mauerstärke, verzahnen Mauerwerk und Hinterfüllung und stabilisieren so die Mauer. Die längs eingebauten Steine, die so genannten Läufer, werden durch eine Hintermauerung verstärkt. Die Fugen sind so eng wie möglich auszuführen. In der Ansichtsfläche dürfen Trockenmauern weder durchgängige waagrechte Lagerfugen noch durchlaufende senkrechte Stoßfugen besitzen, da beides zu einem instabilen Mauerwerksverband führen würde. Auch Kreuzfugen sind ein Tabu.

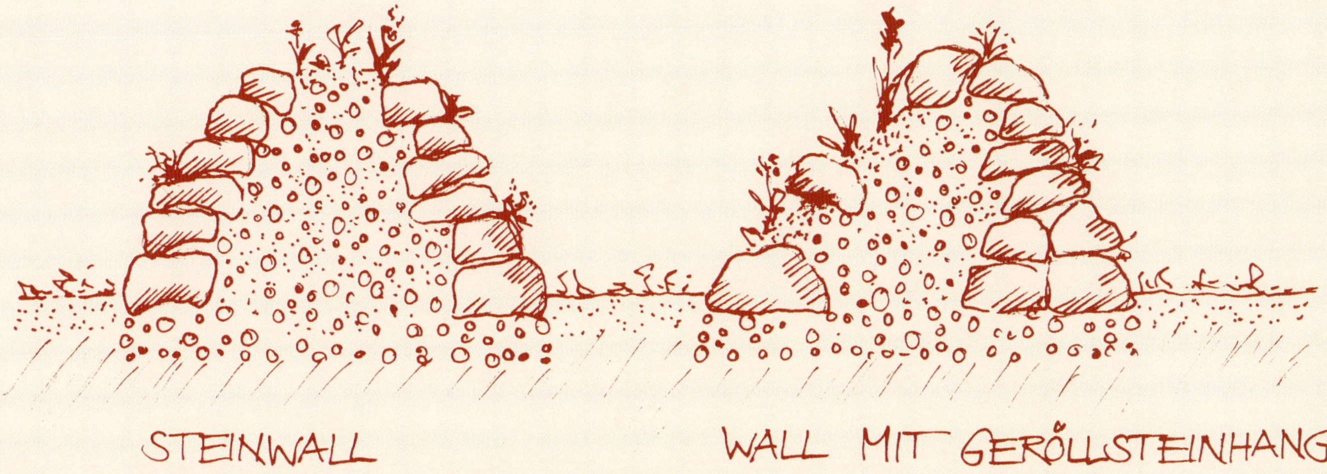


**Steinwälle und Geröllsteingärten**
Eine andere Form von wertvollen Trockenstandorten sind Steinwälle, die aus Lesesteinen errichtet werden. Im Gegensatz zur Trockenmauer werden die Steine hier vor dem Einbau nicht bearbeitet. Sie werden lagerhaft aufgeschichtet, mit möglichst großen Steinen für den Fuß und die Abdeckung. Die Hinterfüllung besteht zu etwa einem Drittel aus Oberboden, einem Drittel aus Sand und einem Drittel aus Schotter oder Kies, um einen gut durchlässigen und mageren Standort zu schaffen. Steinwälle und Geröllsteingärten lassen sich zwar mit geeigneten Wildstauden bepflanzen, am schönsten und ökologisch wertvollsten sind sie aber, wenn sie sich selbst und der spontanen Besiedlung überlassen werden. Aus dem Tierreich fühlen sich hier besonders Reptilien und Amphibien, Kleinsäuger, Lauf- und Steinkäfer wohl.

## Reisig- und Holzhaufen

Reisighaufen und solche aus langsam vermoderndem Holz sind wichtiger Unterschlupf für Igel und andere Kleinsäuger, Vögel und vieles weiteres Getier. Auf Altholz sind eine große Zahl von Insekten sogar angewiesen. Da viele der hier siedelnden Tiere wärmeliebend sind, ist ein sonniger Standort für Holz- und Reisighaufen günstig. Vorstellbar wäre die Anordnung in einer »Pflege- und Naturecke« im Garten, neben Kompost und Steinwall.

## Nisthilfen für Wildbienen

Bei Bienen denken die meisten ausschließlich an die vertrauten »Haustiere« der Honigbienen. Dass dieser einen ungefähr 20.000 weitere Bienenarten gegenüberstehen, ist den meisten nicht bekannt. In Mitteleuropa sind sechs bis sieben Familien bekannt, die etwa 500 Arten umfassen. Wildbienen leben überwiegend einsiedlerisch und nicht in Staaten wie die Honigbiene. Die Weibchen dieser so genannten Solitärbienen errichten alleine ihre röhrenförmigen Nester in hohlen Stängeln, Lehmwänden, Mauerritzen, verrottendem Holz oder Pflanzenmaterial. Der Wert der Wildbienen liegt in ihren Bestäubungsdiensten, die sie auch an vielen Pflanzen leisten, die von der Honigbiene links liegen gelassen werden, darunter auch seltene und gefährdete Arten. Wildbienen bestäuben Obstbäume und viele Kulturpflanzen im Garten.

Es muss nicht immer ein so aufwändiges »Bienenhotel« wie in der Abbildung sein, wenn sich darin auch ganz wunderbar das Schöne mit dem Nützlichen verbindet. Es genügen schon Hartholzklötze mit unterschiedlich großen Bohrungen, die von drei bis acht Millimetern reichen, Hohlziegel und Dachhohlziegel, Bündel aus Schilf- und Bambusstängeln oder Lehm-Stroh- und Tonwände. Oder markhaltige Stängel, wie sie Holunder, Sommerflieder, Forsythie, Himbeere oder Königskerze besitzen.

# BÄUME FÜR DEN HAUSGARTEN

Bäume sind für den Garten unersetzlich. Sie machen ihn dank ihrer Größe und Präsenz erst »erwachsen«. Sie schaffen Räumlichkeit und setzen Schwerpunkte. Sie stehen als Hausbaum dem Gebäude zur Seite und verleihen dem Anwesen Identität. Sie helfen wie kein anderes gärtnerisches Element, Natur und Siedlung in Einklang zu bringen und eine harmonische Durchdringung von beiden zu erreichen. Die Gärten heutiger Tage sind meist eher klein, daher sind Großb äume, die traditionellen Haus- und Hofbäume vergangener Zeiten, hier eher fehl am Platz. Aber viele Klein- und mittelgroße Bäume bewähren sich dafür ganz wunderbar.

| Botanischer Name | Deutscher Name | Größe in m | Standort | Blütezeit | Blüten |
|---|---|---|---|---|---|
| *Acer campestre* | Feld-Ahorn | 5-15 | vollsonnig bis lichtschattig, kalkhaltiges Substrat bevorzugt | V | gelbgrüne Rispen, mit dem Laubaustrieb |
| *Acer ginnala* | Feuer-Ahorn | 5-7 | sonnig bis halbschattig, meidet kalkhaltige und staunasse Böden | V | grünlich-weiße Dolden, mit dem Laubaustrieb |
| *Acer rubrum* | Rot-Ahorn | 7-12 | sonnig bis lichtschattig, meidet kalkhaltige Böden, Luft- und Bodentrockenheit | III-IV | rote Büschel, vor dem Laubaustrieb |
| *Acer* x *zoeschense* 'Annae' | Zöschener Ahorn | 5-8 | sonnig bis halbschattig | V | gelbgrüne Dolden |
| *Aesculus* x *carnea* 'Briotii' | Scharlach-Rosskastanie | 8-12 | sonnig bis lichtschattig | V | rote Rispen |
| *Amelanchier lamarckii* 'Ballerina' | Kupfer-Felsenbirne | 5-8 | sonnig bis lichtschattig | IV | weiße Trauben |
| *Carpinus betulus* | Hainbuche | 5-15 | sonnig bis schattig, kühle bis warme Standorte | V | gelbliche Kätzchen, unscheinbar |
| *Cercis siliquastrum* | Gewöhnlicher Judasbaum | 4-6 | vollsonnig, kalkliebend | IV | purpurrosa Büschel, vor dem Laubaustrieb |
| *Cornus mas* | Kornelkirsche | 4-7 | sonnig bis halbschattig, kalkliebend | III-IV | gelb, vor dem Laubaustrieb |
| *Crataegus laevigata* 'Paul´s Scarlet' | Rotdorn | 3-8 | sonnig bis lichtschattig, kalkliebend | V-VI | karminrote Doldenrispen, gefüllt |
| *Crataegus* x *prunifolia* | Pflaumendorn | 6-7 | sonnig bis lichtschattig | V-VI | weiße Dolden |
| *Fraxinus ornus* | Blumen-Esche | 8-10 | sonnig bis absonnig, kalkliebend | V-VI | cremeweiße Rispen |
| *Malus in Arten und Sorten* | Zierapfel | 4-8 | sonnig, kalkliebend | V-VI | weiß, rosa, rot |
| *Prunus avium* 'Plena' | Gefüllte Vogel-Kirsche | 7-12 | sonnig bis lichtschattig, kalkliebend | IV | weiße Büschel |
| *Prunus mahaleb* | Steinweichsel | 3-6 | vollsonnig, kalkliebend | IV | weiße Doldentrauben |
| *Prunus* x *serrulata* 'Kanzan' | Nelken-Kirsche | 4-5 | vollsonnig, kalkliebend | V | rosa Büschel |
| *Prunus* x *yedoensis* | Tokyo-Kirsche | 5-7 | sonnig, kalkliebend | III-IV | rosa-weiß |
| *Sorbus aria* 'Lutescens' | Mehlbeere | 6-12 | sonnig, kalkliebend | V-VI | weiße Dolden |
| *Sorbus aria* 'Magnifica' | Mehlbeere | 6-12 | sonnig bis halbschattig, kalkliebend | V-VI | weiße Dolden |
| *Sorbus aucuparia* | Vogelbeere | 5-10 | sonnig bis schattig, bevorzugt saure bis neutrale Substrate | V-VI | weiße Doldentrauben |
| *Sorbus domestica* | Speierling | 10-15 | sonnig bis halbschattig, kalkliebend | V-VI | weiße Kegelrispen |
| *Sorbus intermedia* | Schwedische Mehlbeere | 10-15 | sonnig bis lichtschattig, kalkliebend | V-VI | weiße Trugdolden |

# GEHÖLZE VON ZEITLOSER SCHÖNHEIT

Im Garten erleben wir die Jahreszeiten. Die Pflanzen zeigen sie uns an und begleiten so durch das Jahr. Die meisten von ihnen haben einen Höhepunkt im Jahr, den sie zelebrieren. Manche können mehr und zeigen mehrere Highlights. Und wenige schließlich sind ganzjährig eine Schau. Das müssen natürlich Gehölze sein, da nur sie das ganze Jahr über in voller Körperlichkeit wirklich präsent sind. Solche »Stargehölze« gehören in jeden Garten. Weil sie ihn einfach schöner machen und jede Jahreszeit zu einer besonderen machen.

| Name | Höhe | Frühling | Sommer | Herbst | Winter / Vorfrühling |
|---|---|---|---|---|---|
| *Acer capillipes* Rotstieliger Schlangenhaut-Ahorn | 6-9 m | Blüten, gelbe hängende Trauben | Blätter rot gestielt und mit deutlich roten Blattnerven | leuchtend karminrote Herbstfärbung | auffällige Rinde mit weißen Längsstreifen, Knospen leuchtend rot |
| *Acer ginnala* Feuer-Ahorn | 5-7 m | Blüten, gelblich-weiße Rispen, duftend | rote Fruchtflügel | leuchtend feurigrote bis dunkelrote Herbstfärbung | Getrocknete Fruchtflügel bleiben über den Winter haften. |
| *Acer japonicum ´Aconitifolium´* Eisenhutblättriger Ahorn | 3-5 m | Blüten, purpurfarbene kleine Trauben, während des Austriebs | Blattform | leuchtend orangerote bis weinrote Herbstfärbung | malerischer Wuchs, schirmförmige Krone |
| *Acer rubrum* Rot-Ahorn | 10-15 m | dunkelrote Blüten vor dem Laubaustrieb, rötlicher Austrieb | rote Fruchtflügel | orangerote Herbstfärbung | junge Zweige rötlich, ältere Borke z.T. auffällig grau |
| *Acer rufinerve* Rostbart-Ahorn | 6-8 m | bronzefarbener Austrieb | Rinde auffällig längsgestreift | gelborange bis karminrote Herbstfärbung | Rindenschmuck (Längsstreifen), rote Knospen |
| *Amelanchier lamarckii* Kupfer-Felsenbirne | 4-6 m | Blüten, weiße Trauben, kupferroter Austrieb | blauschwarze Früchte/ Beeren, essbar | leuchtend gelb-orange bis rote Herbstfärbung | malerischer Wuchs, schirmförmige Krone |
| *Cercidiphyllum japonicum* Katsurabaum, Judasblatt | 8-10 m | rötliche Blüten, bronzeroter Austrieb | Blattform | orangerote Herbstfärbung | malerische Krone, Falllaub duftet schon von Weitem nach Zimt und Karamel bzw. Lebkuchen (daher auch die Bezeichnung Kuchenbaum) |
| *Cornus kousa* Japanischer Blumen-Hartriegel | 5-7 m | Blüten, grüngelbe Köpfchen, umgeben von vier großen weißen Hochblättern | rote Früchte, himbeerartig | leuchtend gelbe bis scharlachrote Herbstfärbung | eleganter Wuchs, ausgeprägt horizontales Zweiggerüst |
| *Cornus mas* Kornelkirsche | 4-7 m | Blüten, gelbe kleine Dolden vor dem Laubaustrieb ab Februar bis April | rote Früchte, essbar bzw. verwertbar (Wildobst) | gelblich, z.T. orangerote Herbstfärbung | Beginn der Blütezeit im Februar |
| *Hamamelis* in Arten und Sorten Zaubernuss | 3-4 m | Blüte z.T. noch anhaltend | malerischer Wuchs | prachtvolle gelbe bis orange Herbstfärbung | Blüten, gelbe, orange und rote zarte Blütenbüschel, duftend, malerischer Wuchs |
| *Prunus sargentii* Scharlach-Kirsche | 6-12 m | Blüten, auffallend rosafarbene Trugdolden, vor dem Laubaustrieb | – | orange bis scharlachrote Herbstfärbung | mahagonifarbene, glänzende Ringelborke |
| *Prunus x serrulata* in Sorten Nelken-Kirschen | nach Sorte 2-7 m | Blüten, weiß oder rosa, einfach halbgefüllt oder gefüllt, z.T. bronze- oder kupferfarbener Austrieb parallel zur Blüte | Sorte ´Kanzan´ mit braunroter Belaubung | gelborange Herbstfärbung | braunrote Rinde, z.T. auffällige Wuchsform (Trichter, überhängend) |
| *Rosa sp.* Wild-Rosen | nach Art 1-3 m | Blüten, rosa, karmin oder weiß, z.T. duftend, *Rosa glauca:* Austrieb bläulich, *Rosa rubiginosa:* Austrieb duftend | Blüten, rosa und weiß, *Rosa glauca:* Belaubung purpur-bläulich, bereift, *Rosa rubiginosa:* Blätter duftend | rote, orangerote, rotbraune und schwarze Hagebutten in sehr variablen Formen, gelbe bis orangefarbene Herbstfärbung | Hagebutten |

# ernte

# GARTENGENÜSSE

Früher hatte der Garten meist eine reine oder zumindest überwiegende Nutzfunktion. Gemüse und Obst, das frisch geerntet oder eingelagert wurde, war grundlegender Bestandteil des täglichen Speiseplans. Heute kommen Küchengärten auch dank der wachsenden Kochbegeisterung langsam wieder in Mode. Und die gute alte Tradition findet eine neue Belebung. Man schätzt einfach die Frische und das Wissen über die Herkunft. Ein schöner Trend, der mit viel Genuss für Auge und Gaumen belohnt wird.

# ZWISCHEN ARBEIT UND ENTSPANNUNG

Bei allen Genüssen, von denen in diesem Buch die Rede ist, darf natürlich eines nicht verschwiegen werden: Ein Garten bedeutet schon auch Arbeit. Und die beschränkt sich beim Gartenraum nicht wie bei den Räumen eines Hauses auf das Ordnunghalten. Ein Garten ist ein einziger dynamischer Prozess, ein Ort, der ständig in Bewegung und Veränderung ist. In dem es wächst, gedeiht und vergeht. Wenn man da bestimmte Vorstellungen vom Raumgefühl hat und diese verwirklicht sehen will, dann hilft nur eines: Man muss in den Prozess eingreifen, ihn lenken und steuern in die Richtung, von der man will, dass die Natur sie bitte einschlagen möge.

Doch diese Arbeit ist für viele – für passionierte Gärtner ohnehin ganz selbstverständlich – eher Lust als Frust. Das Lenken, das Steuern macht schließlich auch Spaß und ist ein kreativer Prozess. Der viel Raum für die Fantasie und die Entwicklung und Realisierung immer neuer Ideen offen lässt. Ein unschlagbarer Vorteil gegenüber der Haus- und Wohnungspflege, ganz nebenbei gesagt!

Gartenarbeit bedeutet für sehr viele Menschen aber auch Entspannung. Beim Pflanzen und Graben und Wühlen in der Erde finden sie am besten Abstand zu all dem Ärger und der Hektik, mit der sie in ihrem alltäglichen Leben konfrontiert werden. Denn der Garten ist eine heitere und friedliche Welt, deren ruhige Ausstrahlung sich auf den, der sich mit ihr beschäftigt, überträgt. Und es ist einfach auch eine »schöne« Welt, in der sich hässliches Erlebtes ausblenden oder wieder mit anderen Augen sehen lässt. Die Zeit ist nur noch ein relativer Faktor, wenn man in Gartenarbeit versunken ist. Es darf die Langsamkeit regieren. Und das Erspüren des Gartens. Man kann den Geruch warmer oder feuchter Erde riechen, die Erde auch einfach zwischen den Fingern fühlen, das Aroma von Kräutern und zerriebenen Blättern aufnehmen, in den Düften von Blüten wie auch den oft ganz eigenen Gerüchen von Gemüsesorten schwelgen, Oberflächen von Pflanzen und Früchten ertasten. Kurz den Garten viel intensiver erfahren und schätzen lernen als es bei reiner Betrachtung möglich wäre.

Bei der Gartenarbeit erfahren wir viel über die Natur und die Kreisläufe, in denen sie sich bewegt. In die wir als Menschen aber genauso eingebunden sind.

# *Gib dem Garten, so gibt er auch dir!*

Wasserstellen zum Gießen braucht jeder Garten. Für reine Ziergärten genügen einfache Standrohre oder im Boden versenkte Hydrantenkästen, an die Gartenschläuche angeschlossen werden können. Im Nutzgarten sind Schöpfbecken sinnvoll, die zudem das Nützliche mit dem Schönen verbinden.

Das Schneiden von Buchs, das Schaffen der perfekten Form ist für den einen oder anderen schon fast eine meditative Tätigkeit – mit Genussfaktor. Perfektion braucht meist einfach etwas Ruhe und Bedacht. Gerade Liebhaber von Formgehölzen entwickeln oft eine ganz besondere Passion für ihre »Zöglinge«.

Prachtstauden, die sich hoch und stolz über dem Boden erheben, sind nicht nur ein Fest für die Augen, das sich weithin Aufmerksamkeit verschafft. Ihr zweiter großer Wert liegt in ihrer guten Eignung als Schnittblumen. Somit werden sie zur besonderen Zierde des Garten- wie auch des Wohnraums.

Gartenfreunde schätzen ihn sehr und wollen ihn auch nie missen – den Pflanztisch, an dem die Gartenarbeit vorbereitet und in bequemer Arbeitshöhe gesät, gepflanzt und getopft werden kann.

Die direkte »Auseinandersetzung« mit natürlichen Prozessen hat schließlich auch so manchem schon die Augen geöffnet für die Einzigartigkeit der Natur, ihren eigenständigen Wert, aber auch ihre Bedeutung für unsere Existenz. Gartenarbeit macht damit ein klein wenig demütig und im positiven Sinn bescheiden und resprektvoller im Umgang mit natürlichen Ressourcen.

So weit das Loblied auf die hohe und gute Schule der Gartenarbeit. Aber wieviel man in ihr ackern will, ist mit der grundsätzlichen Begeisterung noch nicht gesagt. Nicht jeder hat den Wunsch und das Zeug zu höheren Gärtnerweihen. Das muss auch gar nicht sein. Wie intensiv er sich mit seinem Stückchen Erde auseinander setzen will, hat jeder erst einmal selbst in der Hand. Zuerst durch die Größe des Gartens. Und dann aber auch durch dessen Anlage. Große Gemüsegärten oder üppige Rabatten mit Prachtstauden und Sommerblumen fordern für ihre Schönheit auch ein besonderes Maß an Aufmerksamkeit ein und sind doch eher Angelegenheit des Gärtners aus Leidenschaft. Mit allem Extensiveren, mit naturhafteren Pflanzungen oder Wiesen reduziert der entspannte Genießertyp seinen Arbeitsaufwand auf ein Mindestmaß.

*Säen ist nicht so beschwerlich wie ernten.*

*(Johann Wolfgang von Goethe)*

Linke Seite oben: Der Herbst ist die Zeit der Ernte für Lager- und Wintergemüse. Wozu sowohl der Kürbis gehört, dessen feiner Geschmack in letzter Zeit – auch dank der Entdeckung der vielfältigen Zubereitungsmöglichkeiten – immer mehr Freunde findet. Aber auch das Kraut als »Klassiker«. Während der Kürbis gerne bei Zimmertemperatur gelagert werden kann, will das Kraut schon sein kühles Plätzchen.

Linke Seite unten: Sommerklassiker dagegen, die frisch verzehrt werden müssen, sind Zucchini und Tomaten. Wer ihr Aroma über den Sommer hinüberretten will, muss es in Form von Chutneys und Ähnlichem konservieren.

Rechte Seite: Nutzgärten sind nicht nur zweckmäßig. Sie sind in ganz vielen Fällen auch ein Augenschmaus und damit eine Vorfreude auf die Gaumengenüsse, auf die seine Früchte hoffen lassen. Oft sind sie eine Mischung aus Gemüse, Kräutern und Beerensträuchern. Eine Kombination, die für sich alleine oft schon einen sehr erfreulichen Anblick bietet. Wer dem Ganzen noch eines obendrauf setzen will oder die Farben und die Heiterkeit der Blumen vermisst, gesellt einfach in alter Bauerngartenmanier kräftig bunte Sommerblumen dazu. Die unten links abgebildeten Ringelblumen sind übrigens ein sehr gutes Färbemittel für Risotto.

# Der schöne Lohn der Arbeit

Gemüsegärten sind die erfolgreiche Kombination des Nützlichen mit dem Schönen. Heute sind sie zwar nicht mehr so häufig anzutreffen, was am hohen Pflegeaufwand der Kulturen, dem überreichen Angebot von allen Arten von Obst und Gemüse im Handel, Zeitmangel und nicht zuletzt am fehlenden Platzangebot in den heute oft recht kleinen Gartengrundstücken liegt. Natürlich auch am veränderten Gartenverständnis, in dem der Freizeitwert höher geschätzt wird als der pure Nutzfaktor.

Aber zumindest auf ein paar Kräuter als frischen Akzent in der feinen Küche will heute eigentlich niemand mehr verzichten. Man kann dafür herrliche kleine Kräutergärtchen anlegen. Genauso gut kann man Kräuter aber auch einfach mit ins Beet setzen, bunt gemischt mit Stauden und Sommerblumen. Wichtig ist nur, dass sie von der Küche aus schnell und einfach zu erreichen sind. In die Rabatten eingeschlichen haben sich mittlerweile übrigens auch dekorative Gemüsearten wie buntlaubiger Mangold, Amaranth, Artischocke oder der exotisch schöne Erdbeerspinat. Ein schöner Trend, dem man selbst im kleinsten Garten folgen kann. Auch als attraktive Kübelpflanzen auf Terrasse und Balkon haben sich Stangenbohne, Tomate, Paprika, Aubergine oder Andenbeere einen festen Platz erobert.

## Anregung

Balkon- und Terrassengemüse sind ideal für alle, die einfach nicht mehr Platz besitzen oder nur ein wenig Früchte und Gemüse zum Naschen haben wollen. Man kann die Pflänzchen aus Samen selber ziehen oder aber als Jungpflanzen beim Gärtner erwerben. Wichtig für gutes Gedeihen ist, großzügig bemessene Kübel zu wählen und den Pflanzen einen sonnigen und zugfreien Platz zu geben. Ins Freie kann man mit ihnen ab Mai gehen. Regelmäßiges kräftiges Gießen und Düngegaben sind unerlässlich.

OBEN: Im Bauerngarten verwischen die Grenzen zwischen Nutz- und Ziergarten. Damit ist er eigentlich das perfekte Vorbild für die Einbeziehung von Gemüse, Obst und Kräutern in Beete heutiger Gärten.

GANZ LINKS: Um Gemüse erfolgreich kultivieren zu können, braucht man guten Boden. Der sollte locker, humos und gut mit Nährstoffen versorgt sein. Kompost ist ein guter Hilfsstoff zum Schaffen dieser Bedingungen.

LINKS: Ein Garten braucht immer Zuwendung, ein Nutzgarten ist ohne reichlich davon aber verloren. Nur in ihm wird man dafür auch mit so schönen, direkt genießbaren Früchten seiner Arbeit belohnt.

# Fruchtgenuss auf Augenhöhe

OBEN LINKS: Echter Wein ist die traditionelle Pflanze zur Begrünung von Pergolen. Er erinnert auch so wunderbar an Urlaub, Sonne und Süden. Dank seiner langen Ranktriebe, die er jährlich ausbildet, sind mit Wein auch relativ schnelle Erfolge zu erzielen.

OBEN RECHTS: Echter Wein braucht, gerade auch wegen seines üppigen jährlichen Zuwachses, regelmäßigen Schnitt und Erziehung, die zudem zu einem besseren Fruchtansatz führt. Geschnitten wird immer am Ende des Winters, bevor die Triebe knospen und die Pflanze dann kräftig »bluten« würde, wie man den starken Saftaustritt an den Schnittstellen nennt.

RECHTS: Brombeeren und neuere Beerenzüchtungen aus den gekreuzten Eltern Him- und Brombeere zieht man am besten an Spalieren. Deren Gerüst kann aus waagrecht gespannten Drähten oder Holzlatten bestehen. Geschnitten werden die Sträucher im Sommer.

LINKS: Fruchttragende Kletterpflanzen und Ranker bringen gleich dreifachen Nutzen. Sie sind einerseits attraktive Begrünung von Wänden, Pergolen und Rankgerüsten. Zugleich bringen sie höchst dekorative Früchte hervor, die schließlich auch noch unseren Gaumen verwöhnen. Sie können große Flächen erobern, sich aber auch ganz schlank machen wie der Wein an diesem Gewächshaus.

# Reizvolle Arrangements

LINKS OBEN: Pflanzenliebhaber sind eigentlich immer auch damit beschäftigt, neue Pflänzchen heranzuziehen, zu säen oder Ableger zu machen. Um ein wenig Ordnung in das Topfallerlei zu bringen und auch um dem Ganzen einen schöneren Anblick zu verleihen, haben sich Blumenetageren bewährt. Gerade die filigranen eisernen Modelle sind auch eine echte Zierde.

LINKS MITTE: Aber auch kleine Gartentische sind beliebte Präsentationsflächen für Sammlungen aus Kräutern, Hauswurzen, Jungpflanzen oder anderen Pflanzen-Sammelleidenschaften. Möbel mit Patina wirken hier besonders schön.

LINKS UNTEN: Erntedank am Ende der Gartensaison. Nicht nur der Sommer, auch der Herbst mit seiner überreichen Fülle an Früchten, Samenständen und bunt gefärbtem Laub bietet Dekorationsbegeisterten attraktives Material in schier unerschöpflichem Umfang. So lassen sich die letzten angenehmen Stunden auf der Terrasse besonders verschönen.

RECHTS: Floristische Arrangements wirken Ton in Ton besonders harmonisch. Am romantischsten, wenn pastellige Töne dominieren. Und das besonders wiederum, wenn Rosen, die Blumen der Romantik schlechthin, mitverwendet werden.

# GARTENPFLEGE – Wasser und Boden

**Richtig Gießen**

Wasser ist für alle Arten von Pflanzen unerlässliche Grundlage. Ohne Wasser sind die Zellen nicht mehr funktionstüchtig, und die Pflanze welkt.

Gießen scheint eine ganz einfache Sache zu sein. Was wohl auch prinzipiell richtig ist. Dennoch gibt es ein paar wichtige und sinnvolle Regeln, deren Kenntnis hilft, Wasser zu sparen und gleichzeitig ein gutes Gedeihen der Pflanzen zu fördern:

> Bei einem Gießgang sollte die Wassergabe 10 bis 20 Liter pro Quadratmeter betragen. Dann ist der Boden bis in eine Tiefe von 10 bis 30 Zentimetern, der Hauptwurzelzone, gut durchfeuchtet. Häufiges Gießen fördert nur die oberflächennahen Wurzeln, sodass die Pflanzen Trockenperioden extrem schlecht überstehen. Geringe Wassermengen verdunsten gerade bei heißer Witterung schnell und sind so für die Pflanzen nicht verfügbar. Zu große Mengen dagegen können zur Auswaschung von Nährstoffen führen.

> Die Häufigkeit der Gießgänge hängt von der Witterung und von der Bodenart ab. Lehmige Böden haben ein mehr als doppelt so großes Speichervermögen wie sandige – und müssen damit auch seltener gewässert werden.

> Die beste Zeit zum Gießen ist der Morgen, wenn es draußen noch kühl ist. Gegossen wird leider aber häufig am Abend – weil dann die meisten Menschen eher Zeit haben. Dann ist aber auf dem erwärmten Boden mit Verdunstungsverlusten zu rechnen, und das kalte Gießwasser ist wie ein Schock für die Pflanzen.

> Böden sollten zwischen zwei Gießgängen nicht vollständig austrocknen. Einerseits würde es für die Pflanzen unnötigen Stress bedeuten, da das Bodenwasser oft schon während der Austrocknungsphase für Pflanzen nur schwer verfügbar ist. Andererseits kann komplett trockener Boden auch nur langsam wieder Wasser aufnehmen. Bei ihm ist es ratsam, die gesamte Wassermenge über mehrere Gaben hintereinander, mit kleinen Pausen auszubringen.

> Hacken und Mulchen sind wichtige Hilfsmittel beim »Wassermanagement« des Gartenbodens. Ist der Boden verschlämmt durch zu starkes Gießen oder kräftige Regengüsse, bildet sich eine harte Kruste an der Oberfläche, die Krümelstruktur des Bodens ist zerstört. Dadurch wird der Aufstieg des Wassers im Boden und dessen Verdunstung gefördert. Durch Hacken wird diese Kruste wieder aufgebrochen, und die Verdunstung wird wieder gehemmt. Zudem ist der Boden wieder besser aufnahmefähig für neue Wassergaben. Auch Mulchschichten (im Gemüsegarten etwa aus Stroh, Rasenschnitt oder Laub) sind bewährte Helfer im Kampf gegen die Verdunstung und gegen das Verschlämmen des Bodens.

**Bodengesundheit**

> Humoser, sandig-lehmiger Boden mit einer feinen Krümelstruktur ist der ideale Gartenboden. In ihm ist ein guter Luft- und Wasserhaushalt gewährleistet, was beides wichtige Voraussetzungen für gutes Pflanzenwachstum sind. Bodenverdichtungen sind unbedingt zu vermeiden. Der pflegliche Umgang mit dem wertvollen Gut Boden ist in der Bauphase von Haus und Garten von hoher Priorität. Falls sich Verdichtungen, zumindest in Teilbereichen des Geländes, nicht umgehen lassen, so sind diese vor Anlage des Gartens durch tiefgründiges Aufreißen des Bodens, eventuell auch durch die Ansaat tiefwurzelnder Gründüngungspflanzen zu beseitigen oder zumindest zu mindern.

> Während der Vegetationsperiode sollte die Bodenbearbeitung sich auf oberflächliches Lockern beschränken. So wird das Bodenleben wenig gestört und die gewachsene Bodenstruktur nicht zerstört. Außerdem wird verhindert, dass zu viel Sauerstoff in den Boden gelangt, der dortige Stoffwechsel und damit auch der Humusabbau vorangetrieben wird.

> Umgraben ist eigentlich nur bei schweren Böden, die zur Verdichtung neigen, angezeigt. Dies sollte aber nicht vor Mitte November geschehen, um Nährstoffverluste und Bodenverschlämmungen zu minimieren. Dabei ist eine Grabetiefe von etwa 25 Zentimetern sinnvoll.

# KRÄUTER FÜR DEN GARTEN

Kräuter sind in der Küche das »Salz in der Suppe«. Und im Garten nicht nur Nutz-, sondern auch Zier- und Aromapflanzen. Kräuter sind reich an wichtigen Vitaminen, Mineralien und vielen anderen Inhaltsstoffen, die nachweißlich der Gesundheit und dem Wohlbefinden zuträglich sind. Im Garten finden sie ihren Platz im Gemüse-, Küchen- oder Kräutergarten, eingemischt in Stauden- und Blumenbeete oder, in Kübeln und Kästen gezogen, auf Terrasse und Balkon. So ist frischer Kräutergenuss in der Küche garantiert!

| Name | Höhe in cm | Erntezeit | Standort | Dauerhaftigkeit / Verwendung |
|---|---|---|---|---|
| *Allium schoenoprasum* Schnittlauch | 20-30 | VI-XI | sonnig bis halbschattig mäßig feucht, nährstoffreich | mehrjährig, Blätter sind frisch oder gefroren zu verwenden, gut geeignet für Terrasse und Balkon |
| *Allium ursinum* Bärlauch | 25-50 | IV-VI | halbschattig feuchter, humoser Boden | mehrjährig, Ernte der frischen Blätter |
| *Anethum graveolens* Dill | 50-110 | VI-IX | sonnig und warm feuchter, humoser Boden | einjährig; Kraut und Fruchtstände sind frisch, gefroren oder getrocknet zu verwenden, gut geeignet für Terrasse und Balkon |
| *Artemisia dracunculus* Estragon | 50-90 | V-IX | sonnig bis halbschattig durchlässiger Boden | mehrjährig, Verwendung des frischen und gefrorenen Krauts und der Blätter, gut geeignet für Terrasse und Balkon |
| *Borago officinalis* Borretsch | 50-100 | V-X | sonnig, geschützt feuchter Boden | einjährig; Kraut und Blüten sind frisch zu verwenden, gut geeignet für Terrasse und Balkon |
| *Carum carvi* Kümmel | 90-120 | VII-VIII | sonnig bis heiß feuchter, humoser Boden | zweijährig; Blätter, Früchte und Wurzeln sind frisch und getrocknet zu verwenden |
| *Foeniculum vulgare* Fenchel | 80-240 | X-XII | sonnig, warm frischer, durchlässiger Boden | mehrjährig, Verwendung des blühenden Krauts und der Früchte |
| *Hyssopus officinalis* Ysop | 40-60 | V-VIII | sonnig durchlässiger, trockener Boden | mehrjährig, Kraut und Blätter sind frisch oder getrocknet zu verwenden. |
| *Lavandula angustifolia* Lavendel | 30-80 | VII-VIII | sonnig bis heiß durchlässiger Boden, kalkliebend | mehrjährig, Verwendung der Blätter und Blüten, frisch und getrocknet |
| *Lepidium sativum* Kresse | 50-70 | IV-X | sonnig bis halbschattig feuchter Boden | einjährig, Ernte des frischen Krautes |
| *Melissa officinalis* Melisse | 40-80 | VI-X | sonnig durchlässiger, humoser Boden | mehrjährig; Kraut und Blätter sind frisch, getrocknet und gefroren zu verwenden. |
| *Mentha piperita* Pfefferminze | 30-60 | V-X | sonnig bis halbschattig feuchter Boden | mehrjährig, Verwendung von Kraut und Blättern, frisch und getrocknet, gut geeignet für Terrasse und Balkon |
| *Ocimum basilicum* Basilikum | 25-60 | VI-IX | sonnig feuchter, humoser Boden | einjährig, Verwendung der frischen, gefrorenen und getrockneten Blätter, gut geeignet für Terrasse und Balkon |
| *Origanum majorana* Majoran | 25-40 | VI-XI | sonnig durchlässiger, humoser Boden | einjährig; Verwendung des frischen, gefrorenen und getrockneten Krauts |
| *Origanum vulgare* Oregano | 30-50 | VI-X | sonnig bis heiß | mehrjährig, Blätter und Kraut sind frisch und getrocknet zu verwenden, gut geeignet für Terrasse und Balkon |
| *Petroselinum crispum* Petersilie | 30-70 | IV-XII | halbschattig feuchter Boden | zweijährig, Verwendung des frischen, getrockneten oder gefrorenen Krauts und der Wurzeln, gut geeignet für Terrasse und Balkon |
| *Rosmarinus officinalis* Rosmarin | 50-90 | V-XI | sonnig, warm bis heiß trockener, durchlässiger Boden | mehrjährig, Verwendung der frischen und getrockneten Blätter |
| *Salvia officinalis* Salbei | 30-60 | VI-XII | sonnig bis heiß trockener, durchlässiger Boden | mehrjährig, Verwendung des frischen und getrockneten Krauts und der Blätter, gut geeignet für Terrasse und Balkon |
| *Thymus vulgaris* Thymian | 20-30 | V-XI | sonnig, warm bis heiß trockener, nährstoffarmer Boden | mehrjährig, Verwendung des frischen und getrockneten Krautes |

# BEERENOBST

## Gartenfrüchte für Naschkatzen

Selbst wer keinen eigentlichen Nutzgarten sein Eigen nennt und auch keinen solchen unterhalten will, wünscht sich meist ein wenig Obst aus dem eigenen Garten zum Naschen. Beerenobst ist da eine gute Wahl. Es lässt sich bestens auch in reine Ziergärten integrieren, und es fruchtet schon im ersten Jahr nach der Pflanzung. Langes Warten auf die ersten Früchte, wie es bei einem Obstbaum mit Hochstamm normal ist, da diese bis zu zehn Jahre auf die ersten nennenswerten Ernteerfolge warten lassen, sind also nicht zu befürchten.
Geerntet werden kann von Juni bis September, von den ersten Erdbeeren über Johannisbeeren, Stachelbeeren und Himbeeren bis hin zu den Brombeeren. Beerensträucher können allein oder in Nachbarschaft mit Ziersträuchern an die Gartengrenze gesetzt werden. Sie können als Spalier an einem Gerüst gezogen werden oder, bei Johannisbeere und Stachelbeere, als Hochstämmchen. Diese sind aber immer wesentlich empfindlicher und kurzlebiger als Strauchformen.

**Der Standort**

> Die »wilden« Vorfahren von Kulturformen der Johannisbeere und Stachelbeere sind in feuchten, lichtschattigen Auwäldern und Waldrändern, in Gebüschen und Waldlichtungen zu Hause. Gleiches gilt für Him- und Brombeeren. Somit schätzen sie ein ausgewogenes Maß aus Schatten und Belichtung, aber doch auch den Schutz von Gehölzen, die raue Winde ausbremsen können. Der Boden sollte, wie aus freier Natur gewohnt, feucht und locker sein. Mit einer Mulchschicht kann im Garten die Wirkung des krautigen Teppichs am Boden von Wäldern und Heckensäumen nachgeahmt werden.

> Bei Spalieren und Hecken ist eine Nord-Süd-Ausrichtung empfehlenswert.

> Je näher der Gartenstandort dem Naturstandort ist, desto vitaler und gesünder die Pflanze.

> Den Standort aber nicht zu schattig wählen, sonst setzen Beerensträucher nur wenig Früchte an, und diese reifen zudem sehr spät.

Himbeerspaliere werden von parallelen Drahtreihen zusammengehalten. Die Drähte werden dabei von 70 bis 130 cm Höhe gespannt.

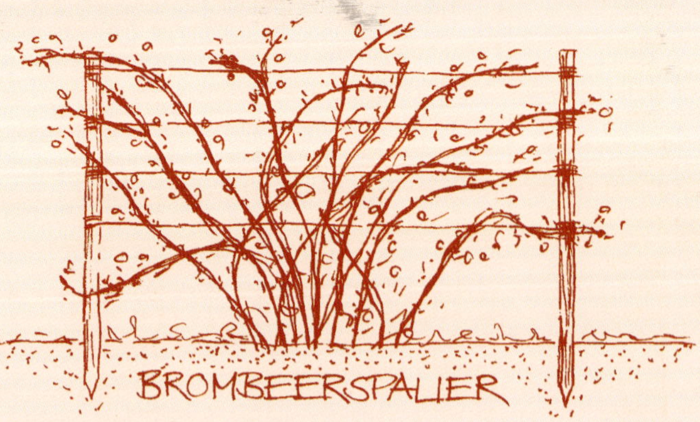


Brombeeren können besonders gut an Drahtspalieren gezogen werden. Dazu werden zwei Pfosten von ca. 1,30 bis 1,60 m Höhe eingeschlagen. Die unterste Drahtreihe ist bei 60 bis 80 cm zu spannen, die weiteren haben einen Abstand von 30 bis 40 cm.

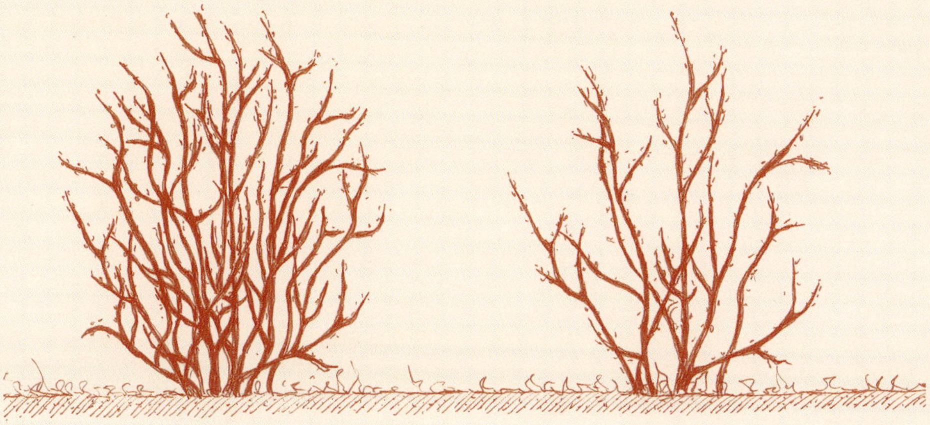

Ein Johannisbeerstrauch vor und nach dem Schnitt. Wie alle Beerensträucher fruchten Johannisbersträucher nur dann gut und reichlich, wenn sie regelmäßig verjüngt werden und damit das Vergreisen verhindert wird. Bei den Sträuchern wird dazu im Herbst älteres Holz entfernt, um die Entwicklung der jüngeren sowie neuer Triebe zu fördern. Generell sollte der Strauch kein Holz tragen, dass älter als vier Jahre ist.

> Der Boden ist vor dem Pflanzen tiefgründig zu lockern. Eingearbeiteter Kompost oder Stallmist wirkt bodenverbessernd und erhöhen den Humusgehalt. Damit verbessert sich bei leichten Böden die Speicherfähigkeit für Wasser und Nährstoffe, bei schweren wird die Bodenstruktur gelockert.

> Gerade bei schweren Böden hat sich die Pflanzung auf niedrigen Wälle bewährt.

> Beerenobst wurzelt flach und schätzt daher keine intensive Bodenbearbeitung. Am besten lässt man ihren Standort möglichst in Ruhe. Eine den Boden vor Verdunstung schützende Mulchschicht aus Grasschnitt, Laub, Kompost oder Rindenmulch wirkt sich förderlich aus.

> Regelmäßige Gaben von organischem Dünger wie Kompost oder gut verrottetem Mist werden begeistert aufgenommen und mit einer guten Ernte belohnt.

| Name | Standort | Pflanzabstand | Erntebeginn nach | Empfehlenswerte Sorten |
|---|---|---|---|---|
| Erdbeeren | sonnig, durchlässige Böden | Reihen: 40-50 cm Pflanzen in den Reihen: 30 cm | bis 1 Jahr | 'Mieze Schindler', 'Peltata', 'Florika', 'Rapella', 'Selva', 'Rügen', 'Forstina' |
| Johannisbeere, rot | sonnig, feuchte Böden | 180 cm | 1 bis 2 Jahre | 'Jonkheer van Tets', 'Rovada', 'Red Lake', 'Rondom', 'Rotet' |
| Johannisbeere, schwarz | sonnig bis schattig, schwere, nährstoffreiche Böden | 200 cm | 2 Jahre | 'Titania', 'Ometa' |
| Johannisbeere, weiß | sonnig feuchte, schwere Böden | 150 cm | 1 bis zwei Jahre | 'Werdevia', 'Weiße Versailler' |
| Stachelbeere | sonnig feuchte, schwere Böden | 120 bis 150 cm | 1 bis 2 Jahre | 'Invicta', 'Remarka', 'Reflamba', 'Rokula', 'Rolonda' |
| Himbeere | sonnig bis schattig, nährstoffreiche Böden | 40 bis 50 cm | 1 Jahr | 'Rubaca', 'Rutrago', 'Autumn Bliss', 'Meeker', 'Schönemann' |
| Brombeere | sonnig bis schattig, durchlässiger Boden | Aufrecht wachsende: 50 cm stachellose: 200 cm stachelbewehrte, rankende: 300 bis 400 cm | 1 bis 2 Jahre | 'Loch Ness', 'Thornfree', 'Theodor Reimers' |

# erfind

# DIE GARTENWELT

Einen Garten planen heißt eine eigene neue Welt erschaffen. Gärten können Orte der Ruhe oder solche der Sehnsucht sein. Sie können in engem Dialog stehen mit dem, was sie außerhalb ihrer engen Grenzen umgibt, und damit sehr geerdet und bodenständig sein. Oder aber sie entführen in ein Reich der Fantasie nach Vorbildern aus fremden Kulturen. In jedem Fall drücken sie immer etwas von der Seele des oder der Menschen aus, die hinter seiner Erschaffung stehen.

# COLLAGIEREN

Die Fähigkeit zu Fantasie, zum Entwickeln eigener Ideen ist eine der herausragendsten Fähigkeiten des Menschen. Dazu ist sie eine der gewinnbringendsten für ihn. Natürlich einmal, weil sie ihm die Möglichkeit für Fortschritt sichert. Aber nicht minder, weil sie ihn in seiner Seele, seinem Innersten, seiner Gefühlswelt so einzigartig bereichert. Und diese Art von Reichtum ist noch immer die wichtigste und durch nichts Materielles zu ersetzen. Fantasie heißt die Gedanken laufen lassen, Neues finden und erfinden, dabei im Fundus des Bekannten kramen und ihn mit nutzen zur Erschaffung von etwas ganz Eigenem, Individuellem, so noch nie Dagewesenem. Konkrete Bilder entstehen lassen aus einer Vielzahl von ungeordneten Gedankenfetzen, diese in einer Collage zu einem guten und schönen Ganzen zusammenführen.
Bei einem Gartenentwurf ist das nichts anderes. Am Anfang stehen ein paar Vorgaben, Wünsche und Stichworte, und aus diesen entwickelt sich schließlich der konkrete Ort. Zuerst im Kopf als Fantasiegebilde und schließlich als »begreifbares«, begeh- und erlebbares Bild. Wobei Gartenbilder den besonderen Vorteil in sich tragen, keinerlei Statik unterworfen zu sein. Die Veränderung ist ihr Kennzeichen, sowohl im kleinen Kreislauf der vier Jahreszeiten als auch in ihrer großen Entwicklungsachse der Jahre des Reifens. Gärten sind nie einfach fertig, sie werden nach Fertigstellung der Bauarbeiten erst noch »erwachsen«. Ihre größte Schönheit werden sie immer erst mit den Jahren gewinnen.
Am Anfang jeden Gartens stehen immer die Idee und der Entwurf, der um ein Thema herumgesponnen werden soll. Das Thema gibt in der Regel der Gartenbesitzer oder -nutzer vor. Und das sollte auch so sein, schließlich wird der Garten sein Ort der Erholung, und er muss ihn später genießen können und wollen. Manchmal ist die Vorgabe einfach eine reine »Formsache« beziehungsweise Stilfrage. Man entscheidet sich für klare Linien und eine formale, reduzierte Linienführung. Oder aber es wird ein sehr naturhafter Ort gewünscht. Oder ein Garten nach klassisch englischem Vorbild. Oder ein sehr romantischer. Um nur ein paar Beispiele zu nennen. Manchmal sind auch Urlaubsbilder oder die Sehnsucht nach und die Bewunderung für fremde Länder und Kulturen der Ur-

sprung einer Gartenidee. So entstehen mediterrane Gärten oder solche nach maurischem Vorbild oder sehr exotische oder asiatisch inspirierte, um wieder nur ein paar Möglichkeiten zu erwähnen.

Man kann aber genauso gut abstrakter an einen Entwurf herangehen. Zum Beispiel indem man ein Farbthema in den Vordergrund stellt, vielleicht auch ein oder mehrere Materialien oder Pflanzen, die raumbestimmend sein sollen. Manchmal auch ein Form.

Der funktionelle Ansatz setzt einfach die später gewünschten Nutzungen an die erste Stelle und die Zwänge, die das Grundstück vorgibt. Erst wenn die Flächen für Sitzplätze, zum Spielen, Feiern, für Hobbys, Nutzbereiche und so weiter in ihrer Lage und ihrer Dimension festgelegt sind, wird die Form um sie »herumgestrickt«.

Beim Entwerfen gibt es keinen Königsweg. Jeder muss selbst herausfinden, was sein Weg zum guten Ergebnis ist. Meist ist es wohl eine von Person zu Person wechselnde Mischung der oben genannten Möglichkeiten. Eines ist aber, egal bei welchem Ansatz, immer die absolute Voraussetzung: Oberste Vorgabe ist stets der konkrete Ort. Seine Besonderheiten sollten nie überdeckt, sondern einbezogen werden in die neuen Gartenfantasien.

*Die Dinge, die wir sehen, sind dieselben Dinge, die in uns sind. Es gibt keine Wirklichkeit als die, die wir in uns haben.*

*(Hermann Hesse)*

LINKS: Japans Gärten sind bekannt für ihre ruhige Kraft und Ausstrahlung. Diese Eigenschaft ist es, warum dieser Gartenstil auch bei uns so viele Freunde gefunden hat.

UNTEN: Trittsteine lenken in eine bestimmte Richtung, führen den Besucher durch den Garten und gliedern den Raum. Zugleich sind sie ein sehr schönes grafisches Element.

UNTEN: Wasser, das Symbol der Reinheit und die Quelle des Lebens, gibt es in jedem japanischen Garten. Selbst wenn es nur als Symbol in Form eines Meeres aus Kieseln erscheint.

# Vorbild Japan: Natur und Symbol

LINKS OBEN: Japansich inspirierte Gartenelemente lassen sich auch in hiesige Gärten integrieren. Wie hier der Gartenpavillon, der Anleihen an japanische Teehäuser nimmt.

LINKS UNTEN: Die Ruhe dieses Gartentyps leitet sich unter anderem von der reduzierten Farbigkeit ab. Grün, dem in der Farbwirkung ohnehin eine sehr beruhigende Wirkung nachgesagt wird, erfüllt den Gartenraum in all seinen möglichen Schattierungen.

UNTEN: In Form geschnittene Bäume sind typisch für Zen-Gärten. Das dient einerseits dazu, die Größe der Gehölze kompakt zu halten. Gleichzeitig soll die strenge und doch ornamentale Form in ihrer grafischen Wirkung aber auch den Stil des Gartens unterstreichen.

## Anregung

**Japanische Gärten stellen eine ideale Landschaft dar und sollen dem Menschen die Möglichkeit geben, durch Meditation den Einklang mit der Natur und schließlich Erleuchtung zu erfahren. Die Verwendung von Gestein, Wasser und Pflanzen folgt einer genau definierten Symbolik. Wer sich einen authentischen Japan-Garten wünscht, holt sich daher am besten einen sachkundigen Planer. Und setzt sich selbst mit der faszinierenden Philosophie dieser Art des Gärtnerns auseinander, um seinen Garten zu verstehen und vielleicht auch ein wenig die von der Gartenform gewünschte Erkenntnis zu gewinnen.**

*Wer Träume verwirklichen will,*

*muss wacher sein und tiefer träumen als andere.*

*(Karl Foerster)*

LINKS: Das Gartenobjekt erinnert an einen Torso – und ein wenig an Gaudí, Barcelona und Niki de Saint Phalle. Und an den Süden und die Farben des Meeres. Im Garten aufgestellt, verleiht es diesem eine heiter-mediterrane Atmosphäre. Mosaikobjekte sollten im Winter besser in einem Gebäude gelagert werden, um Frostschäden zu vermeiden.

LINKS UNTEN UND GANZ UNTEN: Graulaubige Pflanzen sind neben mediterranen Kübelpflanzen wie etwa Citrus- und Olivenbäumchen die »pflanzlichen Accessoires« eines vom Mittelmeer inspirierten Gartens. Da sie allesamt trockenheitsliebend, sonnenhungrig und nässeempfindlich sind, finden sie in sonnigen Kiesbeeten ideale Bedingungen.

UNTEN: Noch einmal Gaudí-Reminiszenzen. Hier in den eisernen Blattranken eines Torbogens.

Gerade vormals triste Hinterhöfe gewinnen von einer Gestaltung in südlicher Stimmung. Hier zählt vor allem die »gefühlte« Wärme und Sonne, die man beim Betreten des Hofraumes empfindet. Die für den Süden typischen weiß gestrichenen Wände bringen viel Licht in den umschlossenen Raum.

Noch einmal Mosaik, wie schon auf der Vorseite. Diesmal aber mit ganz anderer Wirkung. Die Farben werden satt und warm, die Formen sprechen eine andere Sprache – und voilà: der Eindruck wandelt sich von mediterran zu exotisch fern.

# Fremde Luft schnuppern

Hier wurde der Urlaubstraum perfekt inszeniert. Von den Holzsesseln über das Pflaster, die alles dominierenden, prächtigen Säulen, die schwungvolle Treppe und den minimalistischen, grasartigen Pflanzenschmuck – alles passt einfach zusammen und lässt in Gedanken sofort weit abschweifen.

Fernweh ist ein Schmerz, von dem viele Menschen geplagt werden. Mancher kennt exotische Paradiese aus eigenen Urlaubserfahrungen und sehnt sich nach den schönen dort verbrachten Tagen zurück. Andere nähren sich von der Sehnsucht nach dem verlockenden Unbekannten. Aber beide wünschen sich vielleicht ein wenig von der erträumten Exotik in ihrem tagtäglichen Umfeld, um zumindest in Gedanken leichter fremde Luft schnuppern zu können.
Die beliebteste Methode, Urlaubsstimmung in den Alltag hinüberzuretten, ist es, die Wohnung ein wenig mit Erinnerungsstücken aus dem Urlaub, Dekoartikeln oder Möbeln auszustatten, die an das Land der Träume erinnern. Mit Stoffen und Farben ist ein Übriges getan.
Doch warum dieses Prinzip nicht auch einmal ins Freie, in den eigenen Garten übertragen? Nach Möglichkeit aber in die privaten, von außen uneinsehbaren Bereiche des Geländes. Denn zum einen will man den »Urlaub« ja ungestört genießen, zum anderen ist solcher Stil dann doch eher ortsfremd und kann daher optisch schon einmal anecken ... Aber ein begrenzter Bereich, ein Sitzplatz zum Beispiel, lässt sich schon einmal – wie im Haus mit entsprechendem Mobiliar, Farben, Dekorativem oder Polstern, aber auch mit »dschungelartiger« Bepflanzung – problemlos in eine echte Urlaubsterrasse verwandeln.

Nur ein einziger Pfauenthron im heimischen Gartendschungel. Und schon hat sich ein wenig Südostasien in den Garten eingeschlichen. Die Kissen mit Stoffen aus den Ländern der Träume sind eine kleine, aber sehr wichtige Zutat zur Schaffung der perfekten Illusion.

*In den Wäldern sind Dinge, über die nachzudenken man jahrelang im Moos liegen könnte.*

*(Franz Kafka)*

OBEN: Im Schatten regiert fast allein die Farbe Grün – dafür in allen erdenklichen Schattierungen. Pflanzungen leben hier besonders vom Kontrast aus verschiedenen Blattformen und -strukturen.

OBEN: Die Blüten des Schattens hüllen sich meist in Weiß, Creme und Gelb. So können sie sich am besten gegen das Dämmerlicht behaupten. Und nur so, als lichte Punkte, sind sie für bestäubende Insekten wahrnehmbar.

LINKS: Die überwiegende Zahl der Schatten- und Halbschattenstauden besitzt geringe bis mittlere Wuchshöhen. Umso stolzer und auffälliger erheben sich darüber Arten wie der Wald-Geißbart *(Aruncus dioicus)* oder hohe Sorten der Prachtspieren *(Astilbe sp.)*.

RECHTS: Waldartige Gartenpartien strahlen stets einen sehr meditativen Charakter aus und sind daher ideale Rückzugsorte, die man gern auch allein aufsucht. Im Übrigen sind sie dazu idealer Standort für Rhododendren und Azaleen.

Das Bedürfnis nach Sonne und Wärme ist sicher, gerade in unseren Breiten, ein sehr nachvollziehbares Bedürfnis. Einen Garten nur unter diesem Aspekt zu planen und allein den offenen Flächen Platz einzuräumen, ist aber der freiwillige Verlust auf andere, nicht minder schöne Gartenwelten. Ebenso wie der Verlust auf spannende Kontraste.

Während die Sonne die Heiterkeit, Offenheit und das Reich der bunten Farben ist, birgt der Schatten das Geheimnisvolle, fast schon Mystische, die Dämmerung und viel Geborgenheit in sich. Und an brütend heißen Tagen ist er einfach auch von hoch praktischem Nutzen. Vom Erlebnis seiner ganz eigenen Pflanzenwelt ganz zu schweigen.

Das Geheimnis von Spannung liegt oft in einer pointiert und richtig gesetzten »Störung«. Wie hier die Unterbrechungen in der Heckenwand oder das diagonale Pflasterband in meisterlicher Weise belegen.

Freunde von klarem, modernem Design, reduzierten Formen und Farben können manchmal mit den bei uns traditionellen, doch eher von Üppigkeit und Buntheit und freien Formen geprägten Gärten weniger anfangen. Sie würden lieber die Formensprache, die sie von der Architektur und der Einrichtung ihres Hauses kennen und schätzen, in den Freiraum übertragen sehen. Außerdem haben formale Gärten eine sehr lange Tradition in Europa und können auf herrliche Beispiele aus Renaissance, Barock und Rokoko verweisen.
Komplett formal arbeitet man aber besser nur in sehr kleinen Gärten und Gartenhöfen. Dort ist die Strenge der Form auch eine Wohltat, da sie den begrenzten Raum nicht zusätzlich beengt. In größeren Gärten sollte sich die Formverliebtheit und Geradlinigkeit auf Grundlinien des Entwurfs und der Details beschränken, sich aber nicht auf den Großteil der Pflanzung ausweiten. Denn wenn auch hier alles in Form gebracht wird, wird aus ruhiger Klarheit schnell beklemmende Starre und Langeweile.

# Gärten für Formverliebte

RECHTS: Die blank polierte Kugel ist auch dann, wenn gerade kein Wasser über sie rinnt, ein Glanzpunkt im Garten. Mit dem dumpfen Kiesmaterial ergibt sich ein interessanter Kontrast.

UNTEN RECHTS: Schmale Plattenstreifen, Kies, Wasser und Bambus erinnern an die Reduktion japanischer Zen-Gärten.

UNTEN: Formschnitt-Gehölze sind typische Ausstattungselemente eines formalen Gartens. Hier gibt Buchs, der Klassiker dieser Spezies, als Kugel, Einfassung und flaches Karree die Grundrichtung in der Pflanzung vor.

# Klare Linien für kleine Räume

OBEN LINKS: Der Trittplattenweg, der von der Terrasse über das Wasser und um das Beet führt, ist nicht nur funktionell, sondern auch gestalterisch als grafische Linie im Garten wichtig.

OBEN RECHTS: Die Schönheit liegt wie so oft im Detail: hier in der interessant strukturierten Oberfläche einer Betonwand.

RECHTS: Ein gelungener, da nahtloser, beiläufiger Übergang zwischen Land und Wasser, zwischen Stein und Holz.

LINKS: Streng Formales bekommt seine besten Auftritte in eng begrenzten Gartenräumen. Wie in diesem von Mauern gefassten, schon eher an einen Gartenhof erinnernden Gartenbereich. Langeweile kann nicht aufkommen, da die Flächen spannungsvoll – und ganz richtig nicht gleichmäßig – gegliedert sind und durch Material- und Formatwechsel Abwechslung geboten ist.

# Formales für ländliche Gärten

LINKS OBEN: Der Gegenbogen in der Hecke ist für sich schon ein interessanter Aha-Effekt. Gesteigert wird er durch das Spiel aus Form und Gegenform mit den Buchskugeln und dem Kugelahorn.

LINKS UNTEN: Das Reizvolle an Formschnitthecken und -gehölzen in ländlichen Gärten ist der immer gegebene Kontrast zu all den anderen Pflanzen, die üppig wachsen dürfen und sollen und sich über die strengen Kanten beugen. So stärken sich beide wechselseitig in ihrer Wirkung.

## Anregung

**Formgehölze sind beliebte Akzente im Garten. Sowohl als Schnitthecken, die den ganzen Garten oder aber einzelne Gartenkabinette rahmen, als auch in Form von solitärhaft verwendeten Figuren wie Kugeln, Kegeln oder Pyramiden. Meist werden immergrüne Gehölze verwendet, da der Garten gerade im Winter nach attraktiven Blickfängen verlangt. Gut geeignet für den Formschnitt sind Buchs, Eibe, Stechpalme beziehungsweise Hülsen sowie die wintergrüne Sorte des Ligusters.**

Mit Schnitthecken (hier Liguster) lassen sich auch mitten im Garten schlanke und doch geborgene Sitznischen schaffen.

# *Natur kennt keine Langeweile*

Im Garten sind wir immer auch auf der Suche nach der Natur. Er selbst ist freilich nie wirklich »Natur«, sondern immer Menschenwerk. Aber wer das will, kann sich schon bemühen, natürlichen Abläufen möglichst viel Freiraum zu lassen. Am besten lässt sich das in einem naturnahen Garten verwirklichen. In dem man mit der Natur arbeitet und nicht gegen sie. Was für den Gärtner schließlich auch eine große Arbeitserleichterung bringt.

Naturgärten haben eine eigene Ästhetik, die mit tradtioneller Gartenkultur nicht vergleichbar ist. Manchmal sollte man einfach alte Sehgewohnheiten hinter sich lassen – um sich einzulassen auf die Schönheit, die wir in der freien Natur hoch schätzen.

Naturnahe Gärten greifen im überwiegenden Teil auf die heimische Pflanzenwelt zurück, die aber mit den Pflanzenschönheiten anderer Länder gerne im Dialog stehen können. Auf jeden Fall wird standortgerecht gepflanzt, was heißt, dass die Pflanzen auch im Garten einen ähnlichen Platz mit ähnlichen Bedingungen finden, wie sie ihn sich selbst in freier Natur gesucht hätten.

OBEN: Auch in naturnahen Gärten kann ein formales Element wie hier die Buchskugeln sehr gut tun. So können spannende Kontraste aus Form und Formfreiheit, aus Statik und Dynamik entstehen.

RECHTS: Wasser ist selbst das Leben und eines der belebendsten Elemente, das ein Garten uns bieten kann. Bachläufe und Teiche bringen es in den Garten und belohnen zusätzlich mit reichlich Flora und Fauna, die sich im Umfeld ansiedelt.

LINKS: Das Paradies war ein Garten. Was wir bei solchen Bildern auch niemals infrage stellen würden. Ein Tor lockt uns hinein in seine geheimnisvoll-verwunschene Welt.

# GRAULAUBIGE PFLANZEN

## FÜR MEDITERRANE STIMMUNG

Neben Kübelpflanzen wie Orangenbäumchen, Olivenbaum oder Oleander sind es in den Beeten die graulaubigen Pflanzen, die Erinnerungen an den Süden wachrufen. Das silbrige Laub ist immer Anpassung an trockene und heiße Standorte, als Verdunstungsschutz in Form von Behaarung oder Wachsüberzug. Diese Pflanzen sind also ideal in vollsonnigen, gerne auch heißen Lagen. Im Winter ist bei vielen leichter Schutz ratsam, da diese »Sonnenanbeter« mit unseren feuchten Wintern weniger gut zurechtkommen und daher relativ leicht verfaulen können.

| Botanischer Name | Deutscher Name | Höhe in cm | Blütezeit | Blütenfarbe | Standort |
|---|---|---|---|---|---|
| *Achillea filipendulina* | Gold-Garbe | 70-130 | VII-IX | gelb | sonnig, Beete mit gut durchlässigem Boden, Steppengärten |
| *Anaphalis triplinervis* | Silber-Perlkörbchen | 20-50 | VII-IX | weiß-silbrig | sonnig, trockene Beete, Steingärten |
| *Artemisia abrotanum* | Eberraute | 50-60 | VII-X | unscheinbar | sonnig, trockene Beete mit durchlässigen Böden |
| *Artemisia absinthium* 'Lambrook Silver' | Edelraute | 60-70 | VII-IX | unscheinbar | sonnig, warme bis heiße Standorte mit durchlässigen Böden, Steppen- und Felssteppengärten |
| *Artemisia ludoviciana* 'Silver Queen' | Edelraute | 60-70 | VIII-X | unscheinbar | sonnig, Kiesbeete, Stein- und Steppengärten |
| *Artemisia vallesiaca* | Edelraute | 40-45 | VIII-X | unscheinbar | sonnig, warme bis heiße Standorte mit durchlässigen Böden, Steppen- und Felssteppengärten |
| *Cerastium tomentosum var. columnae* | Filziges Hornkraut | 10-15 | V-VI | weiß | sonnig, warme bis heiße Standorte mit durchlässigem Boden, in Platten- und Treppenfugen |
| *Echinops ritro* | Kugeldistel | 80-120 | VII-IX | blau | sonnig, warme bis heiße Standorte mit durchlässigen, kalkhaltigen Böden, windgeschützt |
| *Eryngium alpinum* | Alpen-Edeldistel | 60-80 | VI-VII | blau | sonnig, warme bis heiße Standorte mit durchlässigen Böden, Steppen- und Geröllsteingärten |
| *Iris-Barbata*-Hybriden | Bart-Iris | 10-120 | V-VI | zahllose Sorten, nahezu alle Farben | sonnig, trocken, durchlässige Böden, Steppengärten |
| *Lavandula angustifolia* | Lavendel | 30-80 | VI-VIII | violett, lila | sonnig, warme bis heiße Standorte mit mäßig nährstoffreichen, durchlässigen Böden |
| *Linum narbonense* | Stauden-Lein | 30-50 | V-VII | blau | sonnig, warme bis heiße Standorte mit nährstoffarmen, durchlässigen Böden, Kiesbeete, Stein- und Steppengärten |
| *Nepeta x faassenii* | Katzenminze | 20-30 | V-IX | blau | sonnig, warme Standorte auf leichteren Böden, Kiesbeete, Steingärten |
| *Perovskia abrotanoides* | Perovskie, Blauraute | 50-100 | VII-X | blau | vollsonnig, warme Standorte auf gut durchlässigen Böden |
| *Phlomis russeliana* | Brandkraut | 60-80 | VI-VIII | gelb | sonnig bis halbschattig |
| *Salvia officinalis* | Garten-Salbei | 30-60 | VI-VII | violett | sonnig, warme bis heiße Standorte mit mäßig nährstoffreichen, durchlässigen Böden |
| *Santolina chamaecyparissus* | Heiligenkraut | 30-50 | VII-VIII | gelb | sonnig, warme und heiße Standorte auf durchlässigen Böden |
| *Stachys byzantina* | Wollziest | 10-30 | VII-VIII | rosa | sonnig, warme und heiße Standorte mit nährstoffarmen, durchlässigen Böden, Stein- und Steppengärten, Plattenfugen |
| *Veronica spicata ssp. incana* | Silbergrauer Ehrenpreis | 20-40 | VI-VIII | blau | sonnig, warme und heiße Standorte auf mäßig nährstoffreichen, durchlässigen Böden |
| *Yucca filamentosa* | Palmlilie | 120-200 | VII-IX | weiß | sonnig, warme und heiße Standorte mit nährstoffreichen, durchlässigen Böden, Kiesbeete |

# BLATTSCHMUCKSTAUDEN

## REGIEREN DAS SCHATTENREICH

Im Schatten regiert weniger die Blüte als das Blatt. Daher sind Schattengärten oft Blattgärten, in denen der Farbton Grün in all seinen erdenklichen Schattierungen brillieren darf. Blätter im Schatten sind frisch und kräftig grün. Sehr dicke, harte, mit Wachs, Flaum oder Haaren überzogene Blätter sind selten, da diese Schutzmechanismen vor zu großer Sonneneinstrahlung hier nicht gebraucht werden. Was Schattengärten auch so faszinierend macht, ist die Vielfalt an faszinierenden Blattformen und -oberflächen sowie Pflanzenstrukturen, die die Natur hier bereithält.

| Botanischer Name | Deutscher Name | Standort | Höhe in cm | Blütezeit | Blütenfarbe |
|---|---|---|---|---|---|
| *Adiantum pedatum* | Pfauenradfarn | licht- bis halbschattig | 40-60 | - | - |
| *Alchemilla mollis* | Frauenmantel | vollsonnig bis halbschattig | 30-50 | VI-VIII | gelbgrün |
| *Aruncus dioicus* | Wald-Geißbart | licht- bis halbschattig | 150-200 | VI-VII | creme |
| *Asarum europaeum* | Haselwurz | licht- bis vollschattig | 10 | III-IV | bräunlich |
| *Athyrium filix-femina* | Frauenfarn | licht- bis vollschattig | 60-70 | - | - |
| *Bergenia*-Hybriden | Bergenie | absonnig bis schattig | 30-40 | IV-V | rosa, rot |
| *Brunnera caucasica* | Kaukasusvergissmeinnicht | lichtschattig | 30-50 | III-V | blau |
| *Carex morrowii* 'Variegata' | Japansegge | licht- bis vollschattig | 40-50 | III-IV | gelb |
| *Carex pendula* | Riesensegge | licht- bis vollschattig | 60-100 | VI-VII | gelb |
| *Cimicifuga*-Arten | Silberkerze | lichtschattig | 120-200 | VII-X | weiß |
| *Convallaria majalis* | Maiglöckchen | lichtschattig | 15-25 | V-VI | weiß |
| *Dryopteris filix-mas* | Gemeiner Wurmfarn | licht- bis halbschattig | 50-110 | - | - |
| *Epimedium* in Arten und Sorten | Elfenblume | licht- bis halbschattig | 15-30 | IV-V | weiß, rosa, lila |
| *Galium odoratum* | Waldmeister | halb- bis vollschattig | 20 | V | weiß |
| *Helleborus*-Hybriden | Christrose, Nieswurz | halbschattig bis schattig | 25-40 | II-IV | weiß, creme, grünlich, violett, purpur |
| *Hosta* in Arten und Sorten | Funkien | lichtschattig bis schattig | 30-70 | VI-VIII | weiß, lila, violett |
| *Lamiastrum galeobdolon* 'Florentinum' | Florentiner Goldnessel | absonnig bis schattig | 20-30 | VI-VII | gelb |
| *Lamium maculatum* in Sorten | Gefleckte Taubnessel | licht- bis halbschattig | 20 | V-VII | rosa, weiß |
| *Luzula nivea* | Schneemarbel | lichtschattig | 25-45 | VI-VIII | weiß |
| *Luzula sylvatica* | Waldmarbel | lichtschattig bis schattig | 30-40 | V-VI | braun |
| *Osmunda regalis* | Königsfarn | licht- bis halbschattig | 60-200 | - | - |
| *Phyllitis scolopendrium* | Hirschzungenfarn | lichtschattig | 20-40 | - | - |
| *Polygonatum*-Hybride 'Weihenstephan' | Salomonssiegel | licht- bis halbschattig | 60-100 | V-VI | weiß |
| *Polystichum setiferum* | Weicher Schildfarn | halb- bis vollschattig | 40-60 | - | - |
| *Pulmonaria angustifolia* 'Azurea' | Schmalblattriges Lungenkraut | licht- bis vollschattig | 20-30 | III-V | blau |
| *Pulmonaria saccharata* | Lungenkraut | halb- bis vollschattig | 15-30 | III-V | karmin, violett |
| *Rodgersia podopylla* | Bronze-Schaublatt | licht- bis halbschattig | 80-180 | VI-VII | weiß |
| *Smilacina racemosa* | Duftsiegel | licht- bis vollschattig | 60-90 | V-VI | weiß |
| *Waldsteinia geoides* | Golderdbeere | halb- bis vollschattig | 20-30 | IV-V | gelb |

# IN FORM GEBRACHT

## SCHNITTHECKEN UND FORMSCHNITTGEHÖLZE

Gehölze, die in Form getrimmt wurden, sind immer ein Hingucker im Garten. Was an ihrem stets ebenmäßigen, eindeutig von Menschenhand geschaffenen Äußeren liegt. Die Natur kennt keine absolut geraden Linien, keine perfekte Symmetrie und bei Pflanzen auch keine scharf gezeichneten Konturen.

Schnitthecken sind lebendige Wände und Raumteiler im Garten, die sich ganz schlank machen und wenig Raum beanspruchen. Damit sind sie zunächst immer dort ideal, wo wenig Platzangebot vorhanden ist und ein freiwachsende Hecke zu viel Raum einnehmen würde. Sie sind aber auch ruhige Rahmen und Hintergründe für bunte Pflanzungen oder sonstiges Gartengeschehen und zeigen dort, wie wohltuend ihre ruhige Eleganz sein kann. Einzelne Formgehölze dienen als interessante Blickfänge, besondere Akzente und können den Gartenraum strukturieren.

### Pflanzen für den Formschnitt

| Botanischer Name | Deutscher Name | Pflanzenbedarf pro m | Belaubung | Standort |
|---|---|---|---|---|
| **Pflanzen für höhere Schnitthecken ab 1 m Höhe** | | | | |
| *Acer campestre* | Feld-Ahorn | 3-4 | sommergrün | sonnig bis lichtschattig |
| *Buxus sempervirens* var. *arborescens* | Gemeiner Buchsbaum | 4-5 | immergrün | sonnig bis schattig |
| *Carpinus betulus* | Hainbuche | 3-4 | sommergrün | sonnig bis schattig |
| *Cornus mas* | Kornelkirsche | 3-4 | sommergrün | sonnig bis halbschattig |
| *Crataegus monogyna* | Eingriffeliger Weißdorn | 4-5 | sommergrün | sonnig bis halbschattig |
| *Fagus sylvatica* | Rot-Buche | 3-4 | sommergrün | sonnig bis schattig |
| *Ligustrum vulgare* 'Atrovirens' | Schwarzgrüner Liguster | 4-5 | wintergrün | sonnig bis schattig |
| *Prunus laurocerasus* | Lorbeer-Kirsche | 3-4 | immergrün | sonnig bis schattig |
| *Pyracantha*-Hybriden | Feuerdorn | 4-5 | sommergrün | sonnig bis absonnig |
| *Symphoricarpos albus* var. *laevigatus* | Schneebeere | 4-5 | sommergrün | sonnig bis halbschattig |
| *Syringa vulgaris* | Gemeiner Flieder | 3-4 | sommergrün | sonnig bis absonnig |
| *Taxus baccata* | Gemeine Eibe | 3-4 | immergrün | sonnig bis schattig |
| *Tilia cordata* | Winter-Linde | 3-4 | sommergrün | sonnig bis halbschattig |
| *Tilia platyphyllos* | Sommer-Linde | 3-4 | sommergrün | sonnig bis halbschattig |
| **Pflanzen für niedrige Schnitthecken bis 1 m Höhe** | | | | |
| *Buxus sempervirens* 'Suffruticosa' | Einfassungs-Buchs | 4-5 | immergrün | sonnig bis schattig |
| *Chaenomeles japonica* | Japanische Zierquitte | 3-4 | sommergrün | sonnig bis halbschattig |
| *Lavandula angustifolia* | Lavendel | 5-6 | sommergrün | vollsonnig |
| *Ligustrum vulgare* 'Lodense' | Zwerg-Liguster | 4-5 | wintergrün | sonnig bis schattig |
| *Lonicera nitida* | Immergrüne Heckenkirsche | 4-5 | immergrün | sonnig bis halbschattig |
| *Ribes alpinum* 'Schmidt' | Alpen-Johannisbeere | 3-4 | sommergrün | sonnig bis schattig |
| *Salix purpurea* | Purpur-Weide | 3-4 | sommergrün | sonnig bis absonnig |
| *Spiraea* x *bumalda* | Sommerspiere | 4-5 | sommergrün | sonnig bis absonnig |
| *Spiraea japonica* | Japan-Spiere | 4-5 | sommergrün | sonnig bis absonnig |

1

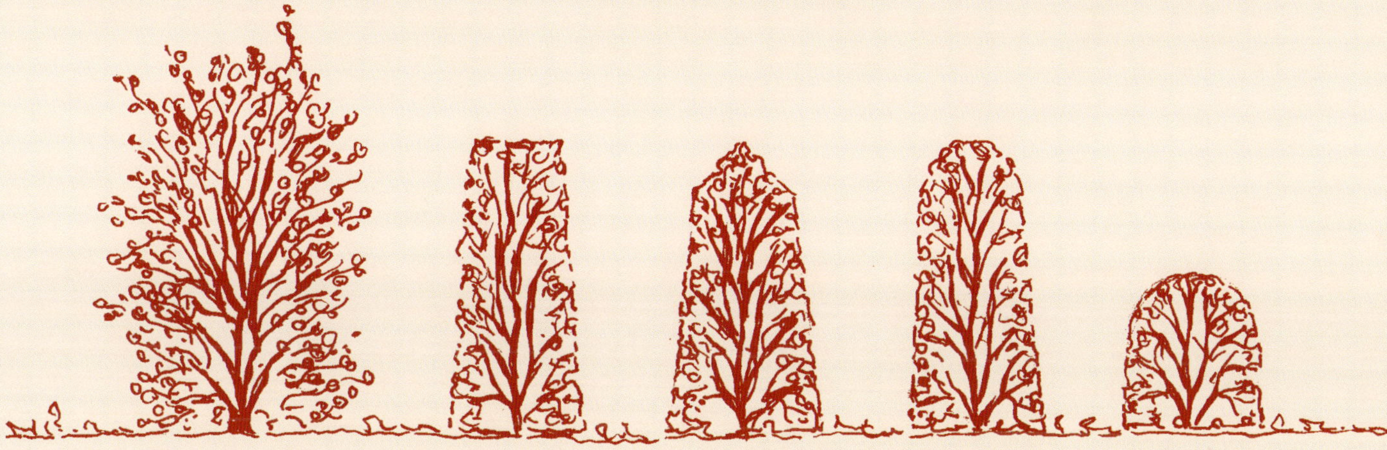

2

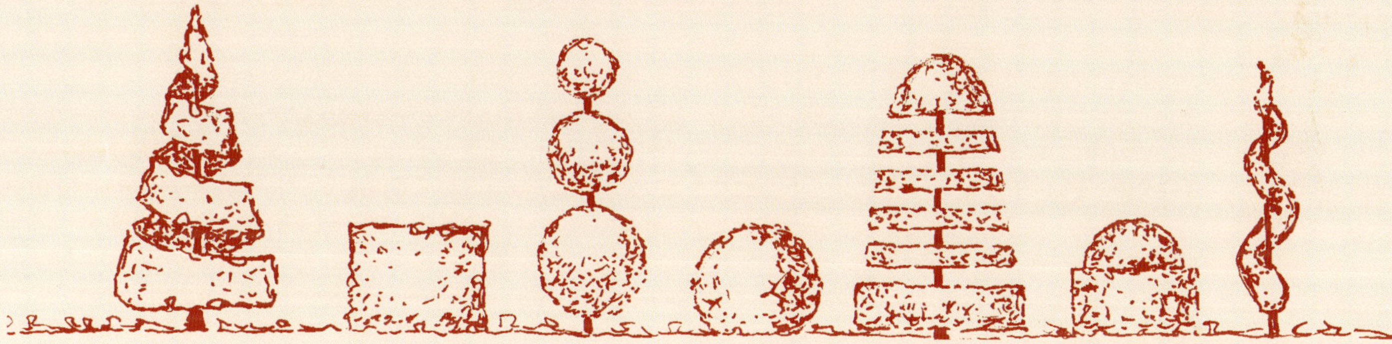

3

(1) Klassische Form für Schnitthecken ist die einer geraden, geschlossenen Wand. Das passt auch immer, wirkt ruhig und klar. Wer es verspielter mag oder ein formales Heckenkabinett nach historischen Vorbildern erschaffen möchte, dem stehen viele Möglichkeiten in der Gestaltung offen. Für solche Spielarten sollte man aber schon eine Begeisterung für das Schneiden von Hecken entwickeln. Der Aufwand in der Erziehung und im Unterhalt solcher Heckenkünste ist hoch. Es wird mit Schablonen und exakten, vermaßten Plänen gearbeitet, die das spätere Aussehen genau vorgeben und die Erziehungsarbeit erleichtern. Wichtig ist, Aussparungen, Wellen, Zinnen oder Ähnliches immer von Anfang an »mitzuerziehen«. Nachträglich lassen sie sich nämlich nicht erzeugen. Das würde hässliche Kahlstellen an den harten Schnittkanten und das Absterben von Heckenpartien nach sich ziehen.

(2) Aus dem »Rohling« einer Hecke lassen sich unterschiedliche Querschnitte formen. Die Konturen können hart und scharf gezeichnet sein. Dann ist absolut exakter Schnitt erforderlich, dem man mit so genannten Lehren, Hilfskonstruktionen aus Holzlatten, die die zukünftige Form vorgeben, nachhelfen kann. Weicher, »natürlicher« und gefälliger wirken abgerundete Profile, die einen etwas weniger exakten Schnitt auch nicht so schnell übel nehmen. Wie dominant eine Hecke wirkt, liegt in besonderem Maße von ihrer Höhe ab. Für Sichtschutzzwecke ist eine Höhe von 1,50 bis 2 Metern ratsam. Für Gliederungen des Gartenraumes reichen schon wesentlich niedrigere Höhen aus, um schöne Effekte zu erzielen. Je höher solche Raumteiler sind, desto deutlicher trennend wirken sie. Geschnitten wird ein- bis zweimal pro Jahr, um Form zu halten und eine feine Verzweigung an den Schnittkanten zu erhalten.

(3) Punktuelle Formgehölze fesseln immer das Auge. Ihre Form ist eigentlich frei wählbar. Gerade in modernen Gärten gibt es schöne Beispiele für frei geformte, organisch wirkende Figuren. Klassisch sind die Figuren, die sich an geometrischen Grundformen orientieren. Auch hier helfen meist wieder Hilfskonstruktionen beim Formschnitt. Bei besonders aufwändigen Figuren geben Drahtgerüste die Form vor, in die das Gehölz mit den Jahren hineinwachsen wird. Um wirklich schöne Figuren zu erzielen, ist ein zweimaliger Schnitt pro Jahr im frühen Sommer und Herbst unerlässlich. Neben den klassischen immergrünen Pflanzen wie Buchs oder Stechpalme können auch laubabwerfende Gehölze wie Hainbuche, Linde, Schwarzgrüner Liguster oder Rosa Pfaffenhütchen *(Euonymus hamiltonianus* var. *sieboldianus)* für den Figurenschnitt verwendet werden.

erspür

# GARTEN DER SINNE

Schönheit wahrnehmen, Reize aller Art aufnehmen, die Welt erleben, in der wir uns bewegen – das alles können wir nur dank unserer Sinne. Die fünf Sinne des Sehens, Hörens, Riechens, Schmeckens und Tastens ermöglichen es uns erst, unser Umfeld zu erkennen. Und all die herrlichen Genüsse zu entdecken, die es uns bereitstellt. Man muss nur wach genug und bereit sein, sich einzulassen auf die faszinierende und weite Welt der sinnlichen Erlebnisse, die allein der Garten uns zu bieten hat.

# SINNENWELTEN

Man braucht sich eigentlich nur irgendwo im Garten niederlassen und schon wird man von ihnen ohne weiteres Zutun eingenommen, sanft eingehüllt oder überreich von ihnen bestürmt – den sinnlichen Reizen, die den gesamten Gartenraum erfüllen und ihn zu einem paradiesischen Ort werden lassen.

Viele sinnliche Eindrücke sind einfach da und liegen sozusagen in der Luft. Wir müssen uns nur auf sie einlassen und können ganz passiv bleiben. Alles, was wir sehen, gehört in diese Kategorie. Sehen ist uns etwas so Selbstverständliches, dass wir diesen Sinn oft nicht mehr gebührend schätzen. Wir nehmen schon wahr, wenn uns etwas gefällt, so ist es nicht. Aber wir haben vielfach verlernt, auch bewusst hinzusehen. Dabei ist die Schönheit der Form, der Farbe und der Komposition, die wir als Erstes aufnehmen, der Eindruck, der uns spontan an einem Ort wohl fühlen lässt. Mit dem Sehsinn gibt es auf den zweiten Blick noch viel mehr zu entdecken. Die Schönheit, die im Detail liegt und dem ersten flüchtigen Blick verborgen bleibt, zum Beispiel. Und die Bedeutung des Lichts für die Schönheit und die Stimmung des Wahrgenommenen.

Auch der Hörsinn nimmt seine Reize ohne jede Anstrengung auf. Geräusche liegen einfach in der Luft und wollen vom Ohr nur aufgeschnappt werden. Es gilt wieder, die Aufmerksamkeit zu finden für die schöne Klangwelt des Gartens, vom Zwitschern der Vögel, Summen der Bienen über Wassergeplätscher bis zu rauschenden Blättern oder knirschendem Kies.

Der Geruchssinn ist ein Zwitter. Während ihm Düfte direkt zugänglich sind, da sie von ihrem Ursprung einfach ausströmen, muss er sich um pflanzliche Aromen schon ein wenig bemühen. Die ätherischen Öle, die ihr Ursprung sind, setzen ihren Geruch nämlich erst nach Zerreiben der entsprechenden Pflanzen oder Pflanzenteile frei.

Aktiv werden muss man schließlich erst beim Schmecken und Tasten. Was die daraus resultierenden Genüsse nicht zu solchen aus der zweiten Reihe macht, sondern mit zu den spannendsten Entdeckungen, die wir im Garten machen können.

*Das Äußere einer Pflanze*
*ist nur die Hälfte ihrer Wirklichkeit.*

*(Johann Wolfgang von Goethe)*

Oben links: Mit Rosen verknüpft sich stets die Erwartung, dass schönes Aussehen sich mit herrlichen Düften verbündet. Bei Alten Rosen gilt das fast immer, bei neuen Züchtungen hat man sich Gott sei Dank wieder – nach Zeiten der Vernachlässigung – auf diese Rosentugend besonnen. Gerade wenn die Königin der Pflanzen mit einem Sitzplatz verbunden ist, kann man bestens in ihren Duftwolken versinken.

Ganz links: Lavendel ist eine Aromapflanze, die sich im Kräuterbeet genauso wohl fühlt wie in der Stauden- oder Rosenrabatte. So massiert gepflanzt, holt sie ein wenig Südfrankreich in den Garten. Natursteinmauern, die sich in der Sonne aufheizen, sind übrigens ideale Partner zu Düften und Aromen, die sich bei Wärme besonders gut entfalten können. Denn sie strahlen auch dann noch Wärme an ihre Umgebung ab, wenn sich die Sonne bereits verabschiedet hat.

Oben rechts: Auch unter den Azaleen findet sich so mancher duftender Schatz, der Streifzüge durch waldartige Partien versüßt. Zwar ist für viele die Blütenfarbe das erste Kaufkriterium bei Rhododendren und Azaleen, da aber sehr viele von ihnen mit keinerlei Duft verzaubern können, lohnt es sich doch, auch auf diese Eigenschaft ein Augenmerk zu richten.

Links: Maiglöckchen und Waldmeister durchdringen im Frühling den Garten mit süßen Duftschwaden. Doch Achtung: Während die Blätter des Waldmeisters (vor der Blüte der Pflanze) als aromatische Zutat in Maibowlen geschätzt werden, ist das Maiglöckchen in allen Teilen hoch giftig! Bei Waldmeisterbowlen kann das in der Pflanze enthaltene Cumarin beim einen oder anderen Kopfschmerzen verursachen.

Licht ist immer erst die Voraussetzung, dass wir unsere Umgebung überhaupt sehen können. Licht inszeniert also, bei Tag ganz beiläufig und selbstverständlich. Bei Nacht, als Kunstlicht, kann es selbst zur Hauptrolle werden oder Regie führen bei dramatischen Spektakeln wie diesem.

*Natur redet eine wunderbare Sprache.* *(Karl Foerster)*

OBEN: Erst die angenehmen Geräusche runden ein schönes Bild ab und bleiben als harmonischer Nachhall so gemeinsam in der Erinnerung. Diese können auch zunächst ganz unspektakulär sein wie das Knirschen von warmem Sand unter nackten Füßen und trotzdem sehr nachhaltig.

UNTEN: Der Klang fließenden Wassers löst stets angenehme Empfindungen aus. Und es vermag in unserer Wahrnehmung sogar lautere, unangenehme Geräusche aus der Umgebung ausblenden.

OBEN: Bei Kies verhält es sich ähnlich wie mit dem Sand. Das Geräusch ist immer verbunden der Empfindung, die der Tastsinn beim Beschreiten der von Wasser blank polierten Steine erspürt hat.

UNTEN: Manche Geräusche sind eine schöne Erinnerung. Andere sind ein Stück Heimat. So wie das vertraute Knarzen des Gartentores, das täglich seinen Abschieds- und Willkommensgruß kundtut.

Das Rauschen von Laub ist eine der herrlichsten Klangkulissen, die der Garten zu bieten hat. Bambus mit seiner lockeren dichten Belaubung ist eines der besten »Instrumente« dafür.

*Es sind immer die kleinen Blumen,*
*die die entzückendsten Sträuße ergeben.*

*(Henry Miller)*

LINKS: So manche Pflanze und auch Frucht führt ein Doppelleben oder sogar noch mehr als diese beiden. Schönes Gemüse ist in jedem Fall ein Fest für die Augen wie auch den Gaumen. Selbst zweckentfremdet als pure Dekoration kann es dank seines guten Aussehens überzeugen, wie hier leuchtend orangefarbene Kürbisse.

OBEN: »Der Pilz ist der Parvenu der Pflanzen.« So meinte Christian Morgenstern. Aber einer, der sich neben den über die Saison alteingesessenen Mitgliedern der Gartengesellschaft im Herbst ganz vortrefflich behaupten kann.

UNTEN: Zum Ernten gehört auch das Innehalten, zum Pausieren während der Arbeit wie auch um die Farben, die Fülle und die Gerüche aufzunehmen. Und es gehört richtiges Gerät und Werkzeug dazu. Schöne Körbe etwa, zum Sammeln, Transport und Lagern der herrlichen Früchte.

OBEN: Äpfel verstecken sich im Sommer in perfektem Tarngewand zwischen grünen Blättern, um sich im Herbst in den leuchtendsten Farben herauszuputzen und aufzupolieren. So vielfältig sich die Sorten rein äußerlich geben, so überraschen sie auch mit der Vielfalt an Aromen.

UNTEN: Dekoration, die man auch verspeisen kann und soll: Bei Gartenfrüchten wie Äpfeln und Nüssen keine Ausnahme, sondern die schöne Regel. Anderer Fruchtschmuck und schön gefärbtes Laub sind attraktive Begleiter.

OBEN: Die Haut ist eines unserer spannendsten Organe. Die Reize, die auf sie einwirken, sowohl die zufälligen, »selbstverständlichen« wie auch jene, die wir bewusst suchen, weil sie uns »reizen«, wirken ganz direkt auf unsere Gefühle ein – und können dort einen intensiven Nachhall erzeugen, der weit über den Moment dieses Reizes hinausgeht. Manchmal ist es ein Material oder eine Form, die wir »begreifen« wollen ...

UNTEN: ... und ein anderes Mal eine Pflanze. Oft sind es zunächst die schönen und gefälligen, die uns verlocken. Wie die Rose, an deren weichen, zarten Blüten fast niemand vorübergehen kann, ohne sie berühren zu wollen. Die Krebsschere, die die meiste Zeit ganz oder teilweise im Wasser versunken ist, verführt dagegen mit ihrem Versteckspiel.

RECHTE SEITE OBEN UND UNTEN RECHTS: Die Faszination von Blattoberflächen ergibt sich aus deren Texturen. Von grob bis fein, glatt bis rau, bereift oder behaart, weich bis hart, gefurcht oder stachelig reicht die Palette, die es mit den Händen zu erfahren gilt. Hier zeigen Mammutblatt *(Gunnera tinctoria)*, Buchs *(Buxus sempervirens)* und Japan-Ahorn *(Acer japonicum)* einen kleinen Ausschnitt der Möglichkeiten.

RECHTS SEITE UNTEN LINKS: Sinnliche Wahrnehmung über die Haut bedeutet auch einfach fühlen, was auf sie einwirkt. Wie etwa Temperaturen, Wärme und Kälte, und den Wechsel davon. In einem Laubengang kann man beides zusammen auf der Haut spüren, dank des unregelmäßig durchbrochenen Gitters aus Sonne und Schatten.

*Willst du wissen, was Schönheit ist,*

*so gehe hinaus in die Natur, dort findest du sie.*

*(Albrecht Dürer)*

*Vom Ziel haben viele Menschen einen Begriff,*
*nur möchten sie es gerne schlendernd erreichen.*

*(Johann Wolfgang von Goethe)*

OBEN LINKS: Hier sind die Voraussetzungen ganz andere. Der Torbogen ist geplant und führt, gestalterisch ganz richtig, auf einen Blickpunkt hin. Die Pflanze in Säulenform, die allein durch ihre dominante Gestalt schon Gewicht besessen hätte, gewinnt durch die Fokussierung zusätzlich an Bedeutung.

OBEN RECHTS: Gartentore sind immer gestalterische Situationen, die betonen und die Aufmerksamkeit auf sich lenken. Der ohnehin gegebene Effekt lässt sich zusätzlich steigern. Durch die Gestaltung des Tores selbst. Oder durch dessen Rahmen, wie hier durch den eng umgrenzten Durchlass in einer geschnittenen Hecke, der das Tor zum Eingang in eine geheimnisvolle, lockende Welt macht.

RECHST: Das gleiche Thema, ganz anders interpretiert: Ein Tor, das selbst zum Ausrufezeichen im Garten und wichtigen Blickfang wird. Dabei führt es doch auch wieder den Blick und gibt einem schönen Sitzplatz einen gewichtigen Rahmen. Bei solch fordernder Gestalt des Tores muss der Zielpunkt immer mindestens gleich bedeutend sein.

LINKS: Manchmal werden Blicke ganz zufällig in eine ganz bestimmte Richtung, auf ein Ziel hin gelenkt. Hier durch den schief gewachsenen Stamm eines Obstbaumes, der zusammen mit Clematisblüten den romantischen Rahmen für einen Blick aufs Haus ergibt. Ob nun gewollt oder nicht, solche »Tore« geben dem Zielpunkt immer eine besondere Bedeutung.

RECHTS: Die Schönheit liegt oft im Detail. Zumindest sind die Details extrem wichtig für ein schönes Ganzes. Das kann manchmal eine sparsam und gezielt gesetzte Pflanze oder auch ein simpler großer Kiesel sein, an dem der Blick etwas länger hängen bleibt.

OBEN: Der Trog ist selbst Detail, der eine schattige Gartenpartie aufwertet. Fast schöner als das Teil selbst sind die Bilder aus Licht und Schatten, die auf dem Wasser gezeichnet werden.

UNTEN: Es lebe der Kontrast! Aus ihm entsteht die Spannung, die für die große Form genauso wichtig ist wie für das Detail. Ein ganz selbstverständlicher entsteht aus Totbaustoff und Pflanze, aus exakten Linien und überbordenden.

OBEN: Mit Pflaster lassen sich ganz herrliche Details schaffen. Hier wachsen Kiesel wie Wurzeln aus dem Beet heraus. Auch Mosaikeinlagen, Materialmix und Muster ergeben unzählige Möglichkeiten für attraktive Spielarten.

UNTEN: Pflanzen haben allein durch ihre ständige Veränderung das Zeug zum Detail. Manchmal durch Auffälliges wie eine besondere Wuchsform. Manchmal reicht auch schon so Simples wie das Ende der Blüte, die als heller Schnee auf den Boden fällt.

*Wir werden erst am Kleinen reif fürs Große.* (Johannes Tauler)

LINKS: Farbe hat direkten Zugang zu unseren Gefühlen. Wenn sie einem so satt entgegentritt, darf die Umgebung sich gerne zurücknehmen und bescheidener sein.

RECHTS OBEN: Die Qualität des Lichts bestimmt, was wir sehen und wie wir es wahrnehmen. Die gleiche Situation, die bei Tageslicht zwar sehr hübsch, aber beiläufig wirkt, kann in abendlichem Kerzenschein zum Festplatz mutieren.

RECHTS UNTEN: Wer dem Ganzen noch eines draufsetzen will, experimentiert mit farbigen Lichtspots und tauscht seinen vertrauten Garten nachts gegen eine unwirkliche Traumwelt.

# Der Zauber von Farbe und Licht

UNTEN LINKS: Gartenelemente aus Eisen überzeugen besonders durch ihre filigrane Erscheinung. Ob als fantasievolles Zaunelement oder originelles »Fluss-Bett«.

RECHTE SEITE UNTEN LINKS: Pflanzen sind und bleiben doch die wichtigste Zutat im Garten. Besonders in Szene gesetzt werden sie zum Beispiel als Dachbegrünung eines Vogelhäuschens – oder als dauerhafte Blume, geformt aus Ton.

UNTEN MITTE: Stein wirkt ruhig, kraftvoll und beständig. In einer Mauer verbaut ebenso wie in einer Skulptur. Und er trägt wie eine Leinwand dank seiner Ruhe auch «wildes« Sammelsurium problemlos vor sich her.

RECHTE SEITE UNTEN MITTE: Dekoratives sollte in einem Garten oder zumindest einem Gartenbereich durch ein Thema zusammengehalten werden, um nicht in wildes Allerlei auszuarten. Ein einheitlicher Farbton ergibt immer einen schönen gemeinsamen Nenner.

UNTEN RECHTS: Gartendekoration ist oft das Ergebnis und der Ausdruck künstlerischen Schaffens der Gartenbesitzer. In der Vielfalt des Gartenraumes finden selbst erstellte Werke fast immer einen Platz, an dem sie gut wirken können.

RECHTE SEITE UNTEN RECHTS: Die Sammelleidenschaft ist etwas typisch Menschliches. Meist werden die zusammengetragenen Objekte im Haus präsentiert. Doch auch der Garten kann für das eine oder andere Objekt genau der richtige Ort sein.

# *Blickfänge sind die Pointen eines Gartens*

OBEN: Gärtner sind, um der zwangsweise gegebenen wie auch der gewünschten Veränderung nachzukommen, immer auch mit dem Vermehren von Pflanzen beschäftigt. In Reih und Glied, zu Gruppen attraktiv arrangiert, wird das Nützliche plötzlich zum Schönen.

UNTEN: Schönes Gartengerät ist durchaus das Sammeln wert. Dann will es aber auch gezeigt werden. Körbe und alte Tongefäße finden in einem alten Schuppen, der einsehbar ist, einen guten Hinergrund.

OBEN: Aus passionierten Gärtnern werden in vielen Fällen irgendwann auch passionierte Pflanzensammler. Meist entflammt das Herz dann für eine ganz bestimmte Pflanzenart, die es in allen Formen und Spielarten zu horten gilt. Ein Fall für solche Liebhaber sind Freilandkakteen.

UNTEN: Verbindung aus Dekoration und Gebrauchsgegenstand: Gießkannen aus verzinktem Blech sind nicht nur hübsche Sammelobjekte. Sie erfüllen auch heute noch ihren ursprünglichen Zweck.

RECHTS: Sammlerobjekte sind in der Regel mobil. Im Garten sieht das häufig anders aus. Bei Pflanzen, die fest im Boden verwurzelt sind, kann sich genauso die Sammelwut breit machen.

UNTEN: Immer der Größe nach, von der Kindergarten- bis zur Erwachsenengröße: Dem »runden« Charme von Buchskugeln ist schon so mancher erlegen, so originell dargestellt sieht man sie selten.

# Jäger und Sammler...

# DÜFTE FÜR ZAUBERHAFTE MOMENTE IM GARTEN

Der Duftsinn reagiert jenseits von jeder Rationalität. Was daran liegt, dass Duftmoleküle direkt unser Limbisches System ansprechen, den ältesten Teil unseres Hirns, der früher schließlich auch »Riechhirn« bezeichnet wurde. Dort herrschen nicht Rationalität und Vernunft, sondern Gefühl, Kreativität und Erinnerung. Womit die enge Verbindung zwischen Gerüchen und Empfindungen erklärt wäre. Ebenso wie die Tatsache, dass Gerüche sehr individuell wahrgenommen werden. Was den einen in Extase versetzt, will der nächste vielleicht schon nicht riechen.

### Stauden

| Botanischer Name | Deutscher Name | Höhe in cm | Standort | Blütezeit/Blüte | Duft |
|---|---|---|---|---|---|
| *Alyssum saxatile* | Felsen-Steinkraut | 25-40 | vollsonnig, warm bis heiß, gut durchlässige Böden | IV-V<br>gelb | Blüte<br>honigartig |
| *Anthemis tinctoria* | Färberkamille | 40-100 | vollsonnig, warm, gut durchlässige Böden | VI-IX<br>gelb | Blatt<br>kampherartig |
| *Artemisia absinthum* | Wermut | 60-70 | vollsonnig, warm bis heiß, durchlässige Böden | VII-IX<br>unscheinbar | Blatt<br>kampherartig |
| *Calamintha grandiflora* | Großblütige Bergminze | 40-50 | sonnig bis halbschattig, warm, durchlässige Böden | VI-VII<br>lila-rosa | Blatt<br>kampherartig |
| *Centaurea macrocephala* | Gelbe Riesen-Flockenblume | 100-110 | vollsonnig, warm, trockene bis mäßig frische Böden | VII-VIII<br>gelb | Blüte<br>blumig |
| *Chrysanthemum-Indicum*-Hybriden | Herbst-Chrysantheme | 40-100 | sonnig, warm, durchlässige Böden, mäßig trocken bis frisch | VIII-XI<br>alle Farben außer Blau | Blatt<br>aromatisch-blumig |
| *Cimicifuga ramosa* | September-Silberkerze | 170-200 | lichtschattig bis schattig, kühl, luftfeucht, frische bis feuchte Böden | IX-X<br>weiß | Blüte<br>herb |
| *Convallaria majalis* | Maiglöckchen | 15-25 | lichtschattig, mäßig trockene bis frische Böden | V-VI<br>weiß | Blüte<br>blumig |
| *Filipendula kamtschatica* | Riesen-Mädesüß | 150-300 | sonnig bis lichtschattig, kühl, luftfeucht, feuchte bis nasse, nährstoffreiche Böden | VII-VIII<br>creme | Blatt, Stängel<br>blumig |
| *Galium odoratum* | Waldmeister | 15-20 | halb- bis vollschattig, kühl, frische Böden | IV-V<br>weiß | Blüte, Blatt<br>blumig |
| *Geranium dalmaticum* | Dalmatiner Storchschnabel | 10-15 | sonnig, warm, durchlässige Böden | VII-VIII<br>rosa | Blatt<br>ätherisch |
| *Geranium macrorrhizum* | Balkan-Storchschnabel | 20-30 | sonnig bis halbschattig, warm, mäßig trockene bis frische Böden | V-VII<br>weiß- rosa, karmin | Blatt<br>ätherisch |
| *Leucojum vernum* | Märzenbecher | 20-40 | halbschattig bis schattig, kühl, frische bis feuchte Böden | II-IV<br>weiß | Blüte<br>blumig |
| *Lilium candidum* | Madonnen-Lilie | 80-120 | sonnig, warm und geschützt, frische, kalkhaltige Böden | VI-VII<br>weiß | Blüte<br>blumig |
| *Monarda*-Hybriden | Indianernessel | 70-130 | sonnig bis lichtschattig, warm, frische, nicht zu schwere Böden | VII-IX<br>karmin, purpur, rot, rosa, weiß, violett | Blüte, Blatt<br>ätherisch, aromatisch |
| *Paeonia lactiflora* | Pfingstrose | 50-110 | sonnig, mäßig trockene bis frische, nährstoffreiche, schwere Böden | V-VI<br>weiß, rosa, rot | Blüte<br>blumig, ätherisch |
| *Phlox paniculata* | Phlox | 50-150 | sonnig, eher kühl, durchlässige humose Böden | VI-IX<br>weiß, rosa, rot, violett | Blüte<br>blumig |
| *Polygonatum*-Hybride | Salomonssiegel | 60-100 | lichtschattig bis halbschattig, frische bis feuchte, humose Böden | V-VI<br>weiß | Blüte<br>blumig |

## Gehölze

| Botanischer Name | Deutscher Name | Höhe in m | Standort | Blütezeit/Blüte | Duft |
|---|---|---|---|---|---|
| *Acer rubrum* | Rot-Ahorn | 7-12 | sonnig bis schattig, kühle Standorte mit sauren Böden | III-IV rot | Blüte honigartig |
| *Buddleja alternifolia* | Sommerflieder | 2-4 | sonnig, warm und geschützt | VI-VII hellviolett | Blüte blumig, intensiv |
| *Cercidiphyllum japonicum* | Katsurabaum | 8-12 | sonnig bis absonnig, nährstoffreiche, feuchte, tiefgründige Böden | vor dem Laubaustrieb, purpur | Falllaub zimt- und karamellartig, weitstreichend |
| *Chaenomeles sp.* | Zierquitten | 1-2 | sonnig bis halbschattig, keine besonderen Ansprüche an das Substrat | III-VI warme Farben | Früchte aromatisch |
| *Daphne mezereum* | Seidelbast | 1-1,5 | absonnig bis schattig | III-IV rosa | Blüte süß, intensiv |
| *Eleagnus angustifolia* | Schmalblättrige Ölweide | 5-7 | vollsonnig, alle Böden, aber kalkhaltiges, durchlässiges Substrat bevorzugt | V-VI gelb-silbrig | Blüte blumig, süß, intensiv |
| *Fothergilla major* | Großer Federbuschstrauch | 1,5-2,5 | sonnig bis halbschattig, geschützt, kalkmeidend | V creme | Blüte honigartig, intensiv |
| *Hamamelis sp.* | Zaubernuss | 2-4 | sonnig bis schattig, geschützte Lagen | XII-III warme Farben | Blüte blumig, intensiv |
| *Jasminum nudiflorum* | Winter-Jasmin | 2,5-3,5 | vollsonnig bis lichtschattig, geschützt, alle Böden, kalkliebend | XII-IV gelb | Blüte blumig |
| *Lonicera maackii* | Baum-Heckenkirsche | 4-5 | sonnig bis halbschattig, alle Böden | V-VI weiß-gelblich | Blüte blumig, intensiv |
| *Magnolia loebneri, M. sieboldii, M. stellata* | Magnolien | 3-6 | sonnig bis absonnig, geschützt, lockere, gut durchlässige Böden, sauer bis leicht alkalisch | III-VII (artabhängig) weiß, rosa | Blüte blumig |
| *Malus*-Hybride 'Charlottae' | Zierapfel | 5-7 | sonnig, mittelschwere, nährstoffreiche, mäßig frische Böden | V-VI rosa-weiß | Blüte blumig, süß |
| *Paeonia suffruticosa* | Strauch-Päonie | 1-2 | vollsonnig bis halbschattig, frische bis feuchte, sehr gut durchlässige Böden | V weiß, rosa, violett | Blüte blumig, intensiv |
| *Philadelphus sp.* | Pfeifenstrauch | 1-4 | sonnig bis halbschattig, alle Böden, anspruchslos | VI-VII weiß | Blüte blumig, intensiv |
| *Rhododendron luteum* | Pontische Azalee | 1,5-2 | absonnig, windgeschützt, vor intensiver Sonneneinstrahlung geschützt, saure, locker-humose Böden | V gelb | Blüte blumig |
| *Robinia pseudoacacia* | Robinie | 20-25 | vollsonnig, alle Böden, bevorzugt lockere, nährstoffreiche Lehmböden, kalkmeidend | V-VI weiß | Blüte süß, intensiv |
| *Rosa* in Arten und Sorten | Rose | 0,4-3 | sonnig bis absonnig, Bodenansprüche bei Wildarten meist gering, bei Zuchtformen gute Gartenböden | ab VI zahlreiche Farben | Blüte blumig (*Rosa rubiginosa:* Laub) |
| *Syringa vulgaris* | Gemeiner Flieder | 4-6 | sonnig bis lichtschattig, warm, nährstoffreiche, gut durchlässige Böden, kalkliebend | V-VI weiß, lila, purpur | Blüte süß, intensiv |
| *Viburnum bodnantense* 'Dawn' | Duftender Winter-Schneeball | 2-3 | sonnig bis absonnig, geschützt, frische, kultivierte Gartenböden | XI-IV rosa | Blüte vanilleartig, intensiv |
| *Viburnum x carlcephalum* | Großblumiger Duft-Schneeball | 2-3 | sonnig bis absonnig, frische bis feuchte, gut durchlässige Gartenböden | V rosa-weiß | Blüte vanilleartig, intensiv |
| *Viburnum carlesii* | Koreanischer Duft-Schneeball | 1-1,5 | sonnig bis halbschattig, geschützt, frische bis feuchte, gut durchlässige Gartenböden | IV-V rosa-weiß | Blüte süß, intensiv |
| *Viburnum farreri* | Winter-Duftschneeball | 2-3 | sonnig bis absonnig, geschützt, mäßig trockene bis frische Gartenböden | X-IV rosa-weiß | Blüte vanilleartig |

# TASTPFLANZEN – DEN GARTEN SPÜREN

In der Regel ist es so, dass wir die Dinge, die uns vor Augen sind und uns gefallen, auch »begreifen« wollen. Die Haptik von Pflanzen ist immer ein schöner Zusatzeffekt zum Aussehen, manchmal ist das Erlebnis beim Betasten auch der Schlüsselreiz für die Attraktivität einer Pflanze. Meist sind es Blätter, die zur Berührung verführen. Manchmal aber auch Knospen, Fruchtstände, Stängel oder Rinden. Neben der reinen Oberfläche faszinieren unterschiedliche Blatttexturen von fein bis grob, von klein bis groß. Hier nur eine Auswahl an Pflanzen, die mehr eine Anregung zum genaueren Erfühlen und zum Erkunden des Gartens mit den Händen als eine abschließende Liste sein soll.

| Botanischer Name | Deutscher Name | Höhe | Pflanzengruppe | »Tastorgan« Tasterlebnis | Anmerkung |
|---|---|---|---|---|---|
| *Acer capillipes* | Rotstieliger Schlangenhaut-Ahorn | 7-9 m | Kleinbaum | Rinde längsgestreift | attraktives Rindenschmuckgehölz für sonnige Standorte, kalkmeidend |
| *Acer griseum* | Zimt-Ahorn | 6-9 m | Kleinbaum | Rinde schuppig-plattig, schält sich streifig ab | auffallend schöne, zimtbraune Rindenfärbung, geschützte Standorte mit sauren Böden |
| *Alchemilla mollis* | Frauenmantel | 30-50 cm | Staude | Blatt weich, behaart | attraktive Blattschmuckstaude für den Halbschatten, sonnige Standorte bei ausreichend Bodenfeuchte |
| *Armeria maritima* | Grasnelke | 20-30 cm | Staude | Blatt grasartig | attraktive Polsterpflanze für Stein- und Heidegärten, in Plattenfugen und für Tröge |
| *Bergenia cordifolia* | Bergenie | 30-40 cm | Staude | Blatt groß, glatt, ledrig, fleischig | langlebige, pflegearme Staude, die sich über Rhizome flächig ausbreitet |
| *Betula maximowicziana* | Bronze-Birke | 15-20 m | Großbaum | Rinde rollt sich dünn ab | weißlich-orange bis kirschbraune Rindenfärbung |
| *Carex grayii* | Morgenstern-Segge | 25-50 cm | Gras | Frucht stachelig | attraktiver Begleiter auf feuchten Rabatten und in Sumpfbeeten |
| *Carlina acaulis* | Silberdistel | 15-20 cm | Staude | Blatt hart, stachelig | heimische geschützte Pflanze, als Gartenpflanze nur aus Kulturvermehrung verwenden! |
| *Castanea sativa* | Ess-Kastanie | 15-30 m | Großbaum | Früchte stachelig | etwas frostempfindlich, hitzeverträglich, bevorzugt saure Böden |
| *Centaurea macrocephala* | Gelbe Riesen-Flockenblume | 100-110 cm | Staude | Knospen schuppig, artischockenartig | Solitärstaude für trockene Rabatten, Kiesbeete und Steingärten |
| *Echinops bannaticus* | Kugeldistel | 80-120 cm | Staude | Frucht borstig, rund, Blatt leicht filzig, stachelbewehrt | Fruchtstände zieren den winterlichen Garten und dienen für floristische Zwecke |
| *Eryngium alpinum* | Alpen-Edeldistel | 60-80 cm | Staude | Blatt stachelig, derb, ledrig Frucht stachelig | Fruchtstände zieren den winterlichen Garten und dienen für floristische Zwecke |
| *Festuca ovina* | Schaf-Schwingel | 40-50 cm | Gras | Blatt grasartig, stechend | Auslese von Karl Foerster, wüchsiger und weniger empfindlich gegen Bodennässe als der Blau-Schwingel |
| *Hydrangea aspera* | Riesenblatt-Hortensie | 2-2,5 m | Normalstrauch | Blatt groß, oberseits rau, unterseits samtig weich behaart | spätfrostgefährdet, kalkmeidend, keine allzu nährstoffreichen Standorte |
| *Hydrangea sargentiana* | Samt-Hortensie | 2-3 m | Normalstrauch | Blatt groß, samtartig behaart, weich | spätfrostgefährdet, bei Frostschäden Neuaustrieb nach Rückschnitt |

| Botanischer Name | Deutscher Name | Höhe | Pflanzengruppe | »Tastorgan« Tasterlebnis | Anmerkung |
|---|---|---|---|---|---|
| *Ilex aquifolium* | Stechpalme | 3-6 m | Großstrauch bis Kleinbaum | Blatt glatt, stachelbewehrt | immergrünes Gehölz für geschützte Lagen, zweihäusig, attraktive, aber hoch giftige rote Früchte nur an weiblichen Pflanzen |
| *Iris-Barbata*-Hybriden | Bart-Iris | 10-120 cm | Staude | Blatt steif, schwertartig, wachsartig überzogen | wintergrün, unendlich großes Sortiment mit nahezu allen Farbtönen |
| *Kniphofia*-Hybriden | Fackellilie | 60-140 cm | Staude | Blatt grasartig, scharfkantige Blüte fackelähnliche Kolben | aufsehenerregende Staude für vollsonnige Standorte mit gut durchlässigen Böden |
| *Mahonia aquifolium* | Mahonie | 100-120cm | Kleinstrauch | Blatt glatt, ledrig, stachelbewehrt | immergrün, Blätter im Winter unter Sonneneinfluss violettbraun gefärbt, ungiftige blaue Früchte |
| *Papaver orientale* | Türkischer Mohn | 30-100 cm | Staude | Blatt rau, borstig behaart Knospen groß, weich | Pflanze zieht nach der Blüte ein, daher nie in den Vordergrund von Rabatten pflanzen |
| *Pennisetum alopecuroides* | Lampenputzergras | 40-100 cm | Gras | Blüte fedrig, weich | Fruchtstände zieren bis in den Winter hinein, schöne Herbstfärbung |
| *Phlomis russeliana* | Brandkraut | 60-80 cm | Staude | Blatt rau, behaart | pflegeleichter Flächendecker in sonnigen Lagen, Fruchtstände bereichern den winterlichen Garten |
| *Pinus nigra* 'Nana' | Zwerg-Schwarzkiefer | 2-3 m | Normal- bis Großstrauch | Nadeln starr, stechend | Strauchform der Schwarzkiefer, langsamwüchsig |
| *Prunus serrula* | Mahagoni-Kirsche | 6-9 m | Kleinbaum | Rinde quergestreift | Rindenschmuck-Gehölz für sonnige Standorte, relativ anspruchslos und tolerant für nahezu alle Gartenböden |
| *Quercus robur* | Stiel-Eiche | 25-35 m | Großbaum | Rinde, alte Borke tief gefurcht | bodentolerant, anspruchslos, im Alter malerischer knorrig und malerisch gedrehte Zweige |
| *Rhododendron yakushimanum* | Kompakt-Rhododendron | 50-80cm | Kleinstrauch | Blatt unterseits filzig behaart, oberseits glatt und gewölbt | sonnenverträglicher Rhododendron, dessen Hybriden ideal für kleine Gärten sind. |
| *Rodgersia podophylla* | Bronze-Schaublatt | 80-180 cm | Staude | Blatt groß, geteilt, runzlig, rau | imposante Blattschmuckstaude für Halbschatten und Schatten |
| *Rosa* sp. | Rosen | 40-300 cm | Zwerg- bis Großsträucher | Stängel, z.T. Knospen stachelig | vielgestaltige Gattung mit zahlreichen Wildarten, aber auch Zuchtformen, häufig auch duftend |
| *Sagina subulata* | Sternmoos | 3-5 cm | Staude | ganze Pflanze moosartig, weich | attraktiver »Fugenfüller« zwischen Platten und Stufen |
| *Salix lantana* | Woll-Weide | 100-120 cm | Kleinstrauch | Blatt und Zweige wollig-weich behaart | Blüte vor der Blattentfaltung in großen, dicht goldgelb behaarten Kätzchen |
| *Salvia officinalis* | Garten-Salbei | 30-60 cm | Staude | Blatt runzlig, filzig behaart | Beim Zerreiben der Blätter wird das intensive Aroma ätherischer Öle freigesetzt. |
| *Sempervivum* | Hauswurz | 10-25 cm | Staude | Blatt dick, fleischig, z.T. wachsartig überzogen, z.T. wollig behaart | äußerst genügsame Rosettenpflanze, die sich über Tochterrosetten vermehrt |
| *Stachys byzantina* | Wollziest | 10-30 cm | Staude | ganze Pflanze weich, behaart | graulaubige Blattschmuckstaude für trockene, warme bis heiße Standorte |
| *Symphytum grandiflorum* | Kaukasus-Beinwell | 20-30 cm | Staude | Blatt borstig behaart, rau | pflegeleichter Bodendecker für lichtschattige bis schattige Standorte |
| *Viburnum davidii* | Immergrüner Kissen-Schneeball | 50-80 cm | Zwergstrauch | Blatt, tief liegende Nerven, derb, ledrig | immergrün, nicht völlig frosthart, windgeschützte Lagen |
| *Viburnum rhytidophyllum* | Immergrüner Großblatt-Schneeball | 3-5 m | Großstrauch | Blatt behaart, stark runzelig | immergrün, frosthart, sehr gut schattenverträglich |
| *Yucca filamentosa* | Palmlilie | 120-200 cm | Staude | Blatt schwertförmig, fasrig, ledrig | fremdartig wirkende, imposante Staude für Kies- und Steingärten |

## Bildnachweis:

Alle Fotos von Nik Barlo jr.
Zeichnungen Seite 56-61, 94, 96, 122-125, 146, 147, 177 von Ursula Barth
Alle anderen Zeichnungen von Mechthild Klaas

## Nik Barlo jr. war zu Gast in den Hausgärten:

Helmert, Geissler, Gabel, Klemme-Hüttemann, Meyer, Kirsch, Kloster Mariensee, Krüger, Herrmann, Höcker, Theiss, Geißler, Brost, Traub, Antrecht, Tornow, Wiesbrock, Halfpap, Jensen, Burgheim, Levorato, Bohrmann-Roth, Loescher, Axmann, Hewer, Bröckel, Giese, Damke, Bär, Schulz-Grastorf, Vehring, Lange, Stünkel, Sacher, Pristin, Stahl, Scharf, Kamphues, Gätjen, Pöhlking-Broklage, Hocke, Ladleif, Reum-Prade, Osterloh, Fleischmann, Kothy-Minde, Kulow, Haucke, Brinckmann, Schulz, Vesting, Rotthaus, Wetzel, Göttke-Krogmann, Hildebrandt, Theissen, Sudholz, Silbermann, Diederich, Lothnagel, Olschewski, Claussen, Reinke, Massoumi-Petzold, Petschallies, Wiemer, Rheims, Hohler, Schnehage, Maxwald-Park, Hardinghaus, Wächter, Meyfarth, Haag, Ohlmeier, Köhnken, Höft, Werner, Läsker-Bauer, Lang, Heinze, Klaffke-Lobsien, Stey, Rumpf-Seifert, Kawollek, Hess, Rumpf-Ewald, Müller, Bensen, Terstegen, Koch, Grüger, Buhr, Laufkötter, Kohlrusch, Tölke, El-Attar, Krebs, Pontzen, Botanischer Garten Kassel, Lechelt, Gut, Fredd, Steuber, Cordes, Brüning, Piecko, Keil, Zypries, Herbst-Spiering, Winkler, Haupt, Bahls, Vaupel, Bendig-Lanau-Winklareth

## Diese Gartenarchitekten unterstützten die Arbeit:

Diederich (Langenhagen), Stey (Kassel), Ehrig (Bielefeld), Jensen (Hamburg), Geißler (Gütersloh), Stender (Münster), Kreikenbaum (Bremen), Hammerich (Neustadt), Gut (Bremen) und Haag (Langenhagen)


## Besonderen Dank an:

Sigrid Theiss (Stylistin Buchumschlagvorderseite), Karin und Uwe Höcker, Siegrid und Klaus-Ullrich Helmert, Irmgard Wiesbrock, Monika Vesting, Gisela Keil, Tina und Hannes Loescher, Astrid Lange und Harald Richter, die Hildebrandts, Irene und Karl Gabel, Anneliese Barnikol-Schlamm, Britta Gabel und Roland Thomas


## Impressum


Bibliografische Information Der Deutschen Bibliothek
Die Deutsche Bibliothek verzeichnet diese Publikation in der Deutschen Nationalbibliografie; detaillierte bibliografische Daten sind im Internet über http://dnb.ddb.de abrufbar.

1. Auflage



Grafische Gestaltung: Susanne Ebersberger, DVA
Lithographie: Fotolito Longo, I-Bozen
Druck und Bindung: Printer Trento, I-Trento
Printed in Italy
ISBN-10: 3-421-03533-4
ISBN-13: 978-3-421-03533-2